Meinem Berufsweggefährten
Roland mit besten Wünschen
für das Jahr 2007 zugeeignet!
Ulm, den 17.1.2007
Gustav

Grundlagen der Schulpädagogik

Band 57

Schulisches Qualitätsmanagement von A – Z

Von

Gustav Keller

Schneider Verlag Hohengehren GmbH

Grundlagen der Schulpädagogik

Herausgegeben von:

Band 1 bis 22; Ernst Meyer und Rainer Winkel

Band 22 bis 53; Jürgen Bennack, Astrid Kaiser, Rainer Winkel

Ab Band 54; Astrid Kaiser und Rainer Winkel

Mitbegründet von Ernst Meyer

Umschlagbild: Fotolia

Gedruckt auf umweltfreundlichem Papier (chlor- und säurefrei hergestellt).

Bibliografische Information der Deutschen Nationalbibliothek

Die Deutsche Nationalbibliothek verzeichnet diese Publikation in der Deutschen Nationalbibliografie; detaillierte bibliografische Daten sind im Internet über ›http://dnb.d-nb.de‹ abrufbar.

ISBN-10: 3-8340-0183-X

ISBN-13: 978-3-8340-0183-2

Schneider Verlag Hohengehren, Wilhelmstr. 13, D-73666 Baltmannsweiler

© Schneider Verlag Hohengehren, 73666 Baltmannsweiler 2007
Printed in Germany – Druck: Hofmann, Schorndorf

Inhaltsverzeichnis

Vorwort der Reihenherausgeber

> *„Beginne dort, wo du bist, warte nicht auf*
> *bessere Umstände. Sie kommen automatisch,*
> *in dem Moment, wo du beginnst."*
> Petra K. Kelly, 1990

Im Jahre 1806, also vor genau 200 Jahren, veröffentlichte ein damals noch recht junger Professor für Philosophie in Göttingen sein womöglich wichtigstes Werk, die „Allgemeine Pädagogik aus dem Zweck der Erziehung abgeleitet" – kaum jemand kennt heute noch dieses Buch, das ich zu den zehn wichtigsten der Pädagogik zähle. Darin schreibt *Johann Friedrich Herbart* in der ihm eigenen Diktion: „Es dürfte wohl besser sein, wenn die Pädagogik sich so genau als möglich auf ihre *einheimischen Begriffe* besinnen, und ein *selbständiges Denken* mehr kultivieren möchte ..."

Besser als – was? Welche Begriffe sind – einheimisch? Kultivieren wir Pädagogen ein – selbständiges Denken? Ist das vorliegende und wie ein Lexikon gestaltete „Schulische Qualitätsmanagement von A – Z" ein – im Sinne *Herbarts* verfasstes Kompendium? Würde er, wenn wir ihm dieses Buch in sein Oldenburger Geburtshaus trügen, Zustimmung – wenigstens signalisieren? Zwischen Ablauforganisation über Lerntagebuch bis hin zur Zukunftswerkstatt? – . – . – Entschieden: Jein! Einspruch würde er einlegen, wenn eine solche Sammlung von erklärten Begriffen erstens das „Geschäft der Erziehung" bzw. des Unterrichts außer acht ließe und wenn sie zweitens keinen pädagogischen „Gedankenkreis" aufbaute. Wir würden heute sagen: Wenn die theoretischen Begriffe keine pädagogische Praxis intendieren und wenn diese Praxis keine kritische Vernunft zuließe, dann sind sie leeres Geschwätz, Wortgeklimper, Legitimation schlechter Wirklichkeiten. Umgekehrt: Die Wirklichkeit im Blick habend, geleitet von einem kritischen Verständnis und die Verbesserung des Einzelnen und seiner Verhältnisse befördern wollend, ist jedes Kompendium ein hilfreiches Vademekum – es leitet an, geht mit einem, hilft, wie ein treuer Begleiter.

Mittlerweile ist „der Keller" das zweite Lexikon in unserer Reihe über „Grundlagen der Schulpädagogik", denn 2003 nahmen wir „den Homberger" als „Lexikon der Schulpraxis" (Band 47) auf. Und wie jenes ist dieses hier *ein* Stein im Fundament der Schulpädagogik, auf die anderen bezogen, auf sie verweisend, gemeinsam mit ihnen ein Muster ergebend. Ob *Kratochwils* „Unterrichten können" (Bd. 4) oder *Kriegers* „Mut zur Freiarbeit" (Bd. 9), ob *Meyers* „Gruppenunterricht" (Bd. 17) oder *Millers* „Schulleiterinnen und Schulleiter" (Bd. 38), ob *Döberts* „Schulsysteme Europas" (Bd. 46) oder die von *M. Bönsch* dargestellte „Gesamtschule" (Bd. 54) – sie alle sind Bausteine eines (Schul-) Hauses, in dem „das Geschäft der Erziehung" betrieben wird, und zwar um der darin lebenden und lernenden Schüler willen.

Neulich sagte mir eine in einem Jugendwohnhaus arbeitende „Fachwirtin für Erziehungswesen": „In einigen Tagen haben wir wieder unser nächstes *Audit*." Ob diese „Anhörung" (*audire*, lat. hören) ein *Ver*-hören oder ein *Zu*-hören wird, kann eben kein Lexikon gewährleisten, wohl aber der Benutzer desselben, dem dieser Begriff eben nur dann ein einheimischer, ein pädagogischer Begriff wird, wenn er ihn auf die leidige Praxis bezieht und deren Verbesserung intendiert. Konkret: Das „Auf'm Bögel" stattfindende regelmäßige *Audit* ist nur dann legitim, wenn die dort lebenden und lernenden Jugendlichen, denen Kriminalität und Drogen wahrlich keine Fremdlinge sind, ihre Wirklichkeit auch mit Hilfe eines vernünftigen *Audit* verbessern können.

Oder:

Am letzten Schultag vor den Berliner Sommerferien hatten die Studenten meines Hauptseminars über den „Beruf des Lehrers / der Lehrerin" vier Praktiker zu einer *Bestandsaufnahme* eingeladen. Eine (Grund-) Schulleiterin, eine Hauptschullehrerin, ein Hauptschullehrer und ein Psychologe berichteten über ihre Arbeit, jenseits der „Pommern-" und der „Rütli-Schule". Irgendwann fiel auch das Wort *Schulentwicklung*, die unverzichtbar sei. Nun, ob diese „Schulentwicklung" der Telekom zugute kommt oder den Schülern, Lehrern und Eltern, hängt nicht nur vom betreffenden Stichwort ab, sondern in erster Linie vom Gedankenkreis der darüber Redenden und sich Verständigenden. Ein Kompendium kann uns die notwendige Richtung weisen und z.B. darauf beharren (S. 109): „Die Schule benötigt einen innovativen Spielraum, innerhalb dessen sie der Souverän ist." Oder (S. 4): „Auf der Basis der Audit-Ergebnisse werden Verbesserungsmaßnahmen abgeleitet, deren Umsetzung und Wirkung später wieder überprüft werden."

Weil dies oft nicht so ist, aber öfter sein soll, hatte *Herbart* das Bessere beschworen und sein einstmals berühmtes Diktum wie folgt fortgesetzt: ... Denn nur mit Hilfe ihrer einheimischen Begriffe und eines selbständigen Denkens würde die Pädagogik „zum *Mittelpunkte* eines Forschungskreises und nicht mehr Gefahr (laufen, R. W.), als entfernte, eroberte Provinz von einem Fremden aus regiert zu werden."

Noch einmal: Würde *J. Fr. Herbart*, der spätere Nachfolger *Kants* auf dem Königsberger Lehrstuhl, dem „Keller", diesem schulpädagogischen Keller zustimmen?

Rainer Winkel
im Namen der Reihenherausgeber
im Sommer 2006
Berlin/Essen/Bonn

Stichwortverzeichnis

Einleitung

Schulqualität ist zum zentralen schulpädagogischen Thema geworden. Sowohl auf der Leitungsebene als auch im Kollegium der Einzelschule wird intensiv darüber nachgedacht, wie die Qualität analysiert und weiterentwickelt werden kann. Aus diesen Überlegungen resultieren systematisch geplante Handlungen und Bemühungen, die man als schulisches Qualitätsmanagement bezeichnet. Niemand kann sich mehr diesem Prozess entziehen, da im deutschsprachigen Raum die schulische Evaluation und Qualitätsentwicklung Pflichtaufgaben geworden sind. Um diese Aufgabe professionell zu erledigen, ist ein solides Professionswissen vonnöten. Nur wer weiß, was Schulqualität ist, wie man sie erfasst und wie man sie verbessert, kann die pädagogische Arbeit wirksam weiterentwickeln.

Die vorliegende Auswahl zentraler Begriffe bezieht sich auf das, was aus Sicht der Schulqualitätsforschung und des praktischen Schulqualitätsmanagements als wissenswert erscheint. Dieses Wissen wird in folgenden drei Varianten erläutert:

- Übersichtsartikel (mehrere Seiten)
- Kurzbeschreibungen (1/2-1 Seite)
- Definitionen (ein paar Zeilen)

Die Übersichtsartikel und Kurzbeschreibungen enthalten auch Hinweise auf zitierte und weiterführende Literatur sowie auf Internet-Adressen. Mit Hilfe der Internet-Adressen gelangt man entweder direkt zu den gewünschten Informationsseiten oder zu Portalen, deren Suchfenster oder Links zum Informationsziel weiterführen.

Kursiv gedruckte Verweiswörter führen den Benutzer zu synonymen Begriffen, unter denen er sich genauer informieren kann.

Das Lexikon wird beschlossen mit einer Basisbibliothek, in der nützliche Bücher zusammengestellt sind, und einer Liste von Internetportalen.

Ablauforganisation

Räumliche und zeitliche Regelung für die Verfahrensabläufe in einer Organisation. Sie beschreibt genau, wann wo welche Aufgaben von wem erledigt werden müssen. Die Ablauforganisation lässt sich in Form von Funktionendiagrammen übersichtlich darstellen.

Abnehmerbefragung

Die Abnehmer von Schule, also die Berufs- und Arbeitswelt sowie die Hochschulen, erwarten, dass die Schulabgängerinnen und Schulabgänger gut ausgebildete Kompetenzen mitbringen. Qualifiziert eine Schule ihre Schülerinnen und Schüler nicht ausreichend, entstehen für die Abnehmer Kosten. Folge davon ist, dass sie mit der pädagogischen Leistung unzufrieden sind. Wie aus der Kundenforschung hervorgeht, wird Unzufriedenheit rasch publik. Diese schädigt das Schulimage und beeinträchtigt die Position der Schule auf dem Bildungsmarkt.

Eine Schule sollte regelmäßig in Erfahrung bringen, wie zufrieden die Abnehmer mit den Kompetenzen ihrer Schulabgängerinnen und Schulabgänger sind. Als Instrument bietet sich eine Abnehmerbefragung an. Am ökonomischsten ist eine schriftliche *Befragung*. Eruiert werden dabei sowohl die Zufriedenheit mit der abgebenden Schule im Allgemeinen als auch spezielle Zufriedenheiten mit den fachlichen und überfachlichen Kompetenzen. Darüber hinaus ist es auch sinnvoll, die Abnehmer nach Verbesserungsvorschlägen zu fragen.

Eine Abnehmerbefragung ist keine Informationserhebung im traditionellen Sinne. Wenn die Schule daraus einen Nutzen ziehen möchte und sich als lernende Organisation versteht, muss sie aus den Befragungsergebnissen Verbesserungsmaßnahmen ableiten. Deren Fokus sollte in der Unterrichtsentwicklung liegen.

Von der Möglichkeit, Abnehmer zu befragen, haben bisher berufliche Schulen am meisten Gebrauch gemacht. Es wäre im Sinne von mehr Kundenorientierung wünschenswert, wenn die allgemein bildenden Schulen häufiger als bisher Abnehmerbefragungen durchführen würden.

Literatur

Bruhn, M.: Kundenorientierung. Bausteine für ein exzellentes Customer Relationship Management (CRM). München: Deutscher Taschenbuch Verlag 2003 (2. Aufl.).

Internetadresse

http://de.wikipedia.org/wiki/Kundenorientierung

Absolventenbefragung

Bei der Selbstevaluation einer Schule sollte immer auch eine Absolventenbefragung in Erwägung gezogen werden. Das heißt, dass Schulabgängerinnen und Schulabgänger nach einem gewissen Zeitabstand einen schriftlich zu beantwortenden Fragebogen erhalten und darum gebeten werden, ihre Schule im Rückblick zu bewerten. Von besonderem Interesse ist es, von den ehemaligen Schülerinnen und Schülern zu erfahren,

● welchen weiteren Bildungs- oder Berufsweg sie gewählt haben
● wie sie mit den neuen Anforderungen zurechtkommen
● welche Bildungsinhalte ihnen genutzt haben
● was ihnen fehlt
● wie sie die Qualität der ehemaligen Schule insgesamt bewerten
● was aus ihrer Sicht sich verändern müsste.

Die Ergebnisse der Absolventenbefragung sind wichtige Feedbacks und liefern wertvolle Anregungen für die weitere Entwicklung einer Schule.

Anspruchsgruppen

An der Gesamtleistung einer Schule interessierte Personengruppen (engl. Stakeholder). Hierzu zählen Schüler, Eltern, Lehrpersonen, Schulbehörde, Abnehmer, Bildungspolitiker. Eine Schule sollte die Erwartungen der Stakeholder ermitteln, klären und sich darüber einig werden, wie man mit diesen umgeht.

Audit

Ein Audit (von lat. Anhörung) ist eine systematische Untersuchung durch geschulte Fachleute. Es soll festgestellt werden, ob Tätigkeiten und deren Ergebnisse den geplanten Anforderungen entsprechen. Audits können von eigenen Mitarbeitern (internes Audit) oder von externen Personen (externes Audit) durchgeführt werden. Im Falle eines externen Audits können dies Managementbeauftragte eines Kunden sein oder unabhängige Auditoren einer Zertifizierungsinstitution.

Was den Gegenstand des Audits betrifft, werden drei Arten unterschieden:

● Produktaudit: Es wird überprüft, ob die Produkte den Kundenanforderungen entsprechen.
● Prozessaudit: Es wird die Wirksamkeit einzelner Prozesse untersucht.
● Systemaudit: Es wird das gesamte Qualitätsmanagementsystem auf seine Funktionsfähigkeit und Wirksamkeit abgeklopft.

Beim Systemaudit wird ein Fragekatalog verwendet, der prinzipiell nach der Normenreihe DIN EN ISO 9000-2000 ausgerichtet ist.

Vor dem Audit-Start werden Checklisten erstellt, nach denen das Audit durchgeführt wird. Die Ergebnisse des Audits werden abschließend in einem Bericht festgehalten.

Auf der Basis der Audit-Ergebnisse werden Verbesserungsmaßnahmen abgeleitet, deren Umsetzung und Wirkung später wieder überprüft werden.

Eine Schule kann sich einerseits in Bezug auf ihre gesamte Schulqualität intern oder extern in Form einer Qualitätsevaluation auditieren lassen. Andererseits kann auch ein ganz spezieller Gegenstand ausgewählt werden. Ein Beispiel hierfür ist die Umweltprüfung. In diesem auch als Öko-Audit bezeichneten Verfahren prüft ein unabhängiger Auditor, ob die Schule ihre Umweltziele erreicht hat. Sind alle Kriterien erfüllt, erhält sie das Öko-Zertifikat.

Literatur

Bormann, I./Hollmann, H./Marek, R./Nobis, G. (Hrsg.): Audit an Schulen – leicht gemacht. Hamburg: Krämer 2001

Bormann, I./Erben, F.; Haan, G. de (Hrsg.): Schulprofil durch Öko-Audit, Hamburg: Krämer 2000.

Gietl, G./Lobinger, W.: Qualitätsaudit. München: Hanser 2003

Internetadressen

www2.din.de

www.quality.de

www.umweltschulen.de

Aufbauorganisation

Hierarchisches Gerüst einer Organisation, das in Form eines *Organigramms* festgelegt wird. Ihm ist zu entnehmen, wer der Chef ist und wer wem was zu sagen hat.

Balanced Scorecard

Die Balanced Scorecard BSC ist ein an *Kennzahlen* orientiertes Management-Instrument, das die Handlungen und Maßnahmen in Organisationen auf deren Vision und Strategie ausrichtet. Es wurde Anfang der 1990er Jahre von Robert Kaplan und David Norton entwickelt. Mit der Balanced Scorecard hat die Organisation ihre Ziele, Kennzahlen und Maßnahmen jederzeit und überall übersichtlich im Blick. Ihr Kernbereich ist ein aus 4 Perspektiven bestehendes Kennzahlensystem.

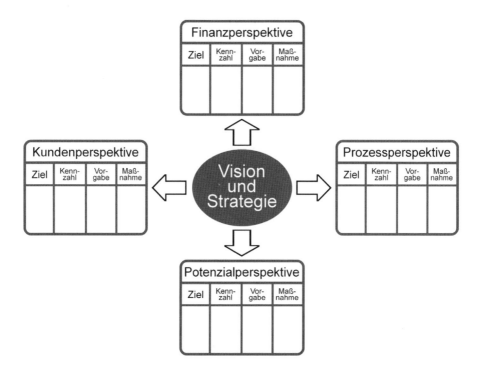

Abb. 1 Grundform der Balanced Scorecard http://upload.wikimedia.org/wikipedia/de/3/34/
   Balanced_Scorecard.png (13.4.2006)

Bei der Finanzperspektive geht es darum, die Organisation finanziell zu stabilisie-
ren. Kundenperspektive heißt, Ziele definieren, die der Kundenzufriedenheit
dienlich sind. Unter Prozessperspektive ist der wirksame Ausbau der internen
Geschäftsprozesse zu verstehen. Und mit der Potenzialperspektive ist die Förderung des Lernens und der Innovation gemeint.

Wenn eine Organisation eine Balanced Scorecard erarbeiten möchte, muss sie
zuvor ein Leitbild formulieren. Im nächsten Schritt werden aus dem Leitbild strategische Ziele für die Entwicklungsgebiete (Perspektiven) abgeleitet, wobei die obi-
gen Perspektivbereiche verändert oder erweitert werden können.

Die strategischen Ziele müssen nun konkretisiert werden. Hierzu eignet sich das
ZAK-Prinzip. Es besagt, dass zu jedem Ziel eine Aktion und eine Kennzahl
bestimmt werden. Mithilfe der Kennzahlen lassen sich Verlauf und Ergebnis der
Aktion messen. Dies sei am folgenden Beispiel verdeutlicht.

Ziel: Sparsamerer Umgang mit Ressourcen
Aktion: Elektronische Protokolle
Kennzahl: Kopierblattverbrauch

Kennzahlen in Balanced Scorecards müssen immer so bestimmt werden, dass zum
einen die Ist-Zahl angegeben wird und zum anderen eine Plan- bzw. Soll-Zahl.

Wenn eine Schule zum Beispiel feststellt, dass das Schuleschwänzen ein Problem ist und daraus nun ein Ziel (Abbau des Schwänzens) und Aktionen ableitet (z. B. „Alle Lehrpersonen kontrollieren regelmäßig die Anwesenheit und sanktionieren konsequent das Schwänzen"), kann die Kennzahl folgendermaßen lauten:

Quote der unentschuldigt fehlenden Schüler (Ist) = 6,0%

Quote der unentschuldigt fehlenden Schüler (Soll) = 2,5%

Bei der Erstellung einer Kennzahlentafel ist darauf zu achten, dass die Ziele realistisch sind und dass nicht zu viele Ziele bestimmt werden. Was die Anzahl der Ziele betrifft, sollte man sich den Leitsatz „Twenty is plenty" beherzigen.

Ein wichtiger Entwicklungsschritt ist es auch, klar festzulegen, wer für welche Aktion zuständig ist und wann diese umgesetzt wird.

Ist die Balanced Scorecard implementiert, muss ein geeignetes *Controlling* bzw. Berichtswesen aufbaut werden, um ständig Planwerte und erreichte Istwerte vergleichen und bei negativen Abweichungen gegensteuern zu können.

Literatur

Friedag, H. R./Schmidt, W.: Balanced Scorecard. Planegg: Haufe 2004 (2. Aufl.).

Kaplan, R./Norton, D.: Balanced Scorecard: Strategien erfolgreich umsetzen. Stuttgart: Schäffer-Poeschel 1997.

Internetadressen

http://www.balanced-scorecard.de
http://www.scorecard.de

Befragung, mündlich → Interview

Befragung, schriftlich → Fragebogen

Bench Marking

Vergleich einer Organisation hinsichtlich wesentlicher Merkmale mit besonders erfolgreichen Organisationen (Leistungsbeste). Für eine Schule kann es ein geeignetes Instrument sein, um eigene Schwachstellen zu entdecken. Gleichzeitig vermittelt es auch Anregungen zur Leistungsverbesserung.

Beobachtung

Die Beobachtung ist eine eigenständige Datenerhebungsmethode wie das Interview, der Fragebogen oder der Test. Die Daten erhält man nicht durch Auskunft, sondern durch zielgerichtete und systematische Wahrnehmung. Sie muss so genau sein, dass das, was beobachtet wird, intersubjektiv überprüfbar ist. Andernfalls ist die Beobachtung nicht mehr als eine Alltagsbeobachtung mit stark subjektiver Tönung.

Im Bereich der wissenschaftlichen Beobachtung lassen sich die verschiedenen Beobachtungsverfahren folgendermaßen systematisieren (Diekmann 2003, S. 469 f.):

- Teilnehmende/nicht teilnehmende Beobachtung: Macht der Beobachter die Interaktionen des sozialen Feldes mit oder verhält er sich passiv?

- Offene/verdeckte Beobachtung: Informiert der Beobachter die zu Beobachtenden oder gibt er sich nicht zu erkennen?

- Strukturierte/unstrukturierte Beobachtung: Arbeitet der Beobachter mit einem standardisierten Schema oder nimmt er das Feld spontan wahr?

- Feldbeobachtung/Beobachtung im Labor: Findet die Beobachtung im natürlichen sozialen Feld statt oder im Labor unter experimentellen Bedingungen?

- Fremdbeobachtung/Selbstbeobachtung: Handelt es sich um eine Beobachtung fremden oder eigenen Erlebens und Verhaltens?

In der Schulevaluation kommt das Beobachtungsverfahren vor allem dann zur Anwendung, wenn externe Evaluatoren oder kritische Freunde die Schule besuchen und Qualitätsdaten erheben. Als typischer Beobachtungsgegenstand eignet sich der Unterricht. Ihn zu beurteilen ist auf zwei Wegen möglich. Der erste Weg besteht darin, dass der Beobachter ein Beobachtungsschema bzw. ein Kategoriensystem verwendet, in dem wichtige Merkmale des Unterrichts genau beschrieben sind und mit dessen Hilfe die Merkmalsausprägungen durch Registrierung oder Skalierung genauer erfasst werden kann. Ein Kategoriensystem muss nach Schnell/Hill/Esser (1999, S. 364) folgende Voraussetzungen erfüllen:

- Ausschließlichkeit der einzelnen Kategorien
- Vollständigkeit des Kategorienschemas
- Konkretheit der Kategorien
- Begrenzung der Kategorienzahl.

Den zweiten Weg nennt man kriteriengeleitete Beobachtung. Der Beobachter nimmt den Unterricht aus dem Blickwinkel von Gütekriterien wahr, steuert selbst die Beobachtungsselektion und gelangt zu einer summarischen Beurteilung des Unterrichts der besuchten Lehrperson. Dieser Weg verlangt, dass der Beobachter seine Wahrnehmungen genau protokolliert, entweder als stichwortartiges Simultanprotokoll oder als Gedächtnisprotokoll.

Der besondere Vorteil der Beobachtungsverfahren ist, dass man mitten drin ist in der sozialen Wirklichkeit und Daten unmittelbar gewinnen kann. Dabei muss jedoch bedacht werden, dass die menschliche Wahrnehmung prinzipiell fehleranfällig ist. Denn was wir wahrnehmen, hängt nicht nur von den eingehenden Sinnesreizen ab, sondern auch von der Reizverarbeitung im kognitiven Apparat. Häufig kommen folgende Fehler vor:

- Primacyeffekt: Der erste Eindruck beeinflusst die folgenden Wahrnehmungen.
- Haloeffekt: Der Beobachter lässt sich vom Gesamteindruck oder von einer sehr positiv ausgeprägten Eigenschaft lenken.
- Zentrale Tendenz: Der Beobachter scheut sich vor extremen Skalierungen und platziert seine Einschätzungen eher in der Skalenmitte.
- Mildeeffekt: Der Beobachter verharmlost negative Eigenschaften.
- Härteeffekt: Der Beobachter nimmt den zu Beobachtenden systematisch negativ wahr.
- Logischer Fehler: Zwei Eigenschaften werden verknüpft, weil man glaubt, dass sie zusammengehören (schlampig – faul).

Der Beobachter muss sich dieser potenziellen Beobachtungsfehler bewusst sein. Deshalb muss er sich in Beobachtungssituationen immer wieder kritisch reflektieren und Fehlwahrnehmungen frühzeitig gegensteuern. Des Weiteren kann Fehlern vorgebeugt werden durch:

- präzise Beschreibung der Kategorien
- genaue Trennung der Kategorien
- Distanz zu den Beobachteten
- genügend Beobachtungszeit
- intensive Vorbereitung.

Im Beobachtungsprozess drohen nicht nur Wahrnehmungsfehler, sondern auch Reaktivitätseffekte. Diese treten dann auf, wenn Beobachtete das Verhalten zeigen, das ihrer Vermutung nach erwartet wird.

Literatur

Diekmann, A.: Empirische Sozialforschung. Grundlagen, Methoden, Anwendungen. Reinbek bei Hamburg: Rowohlt 2003 (10. Aufl.).

Greve, W./Wentura, D.: Wissenschaftliche Beobachtung. Weinheim 1996

Sanger, J./Kroath, F.: Der vollkommene Beobachter? Ein Leitfaden zur Beobachtung im Bildungs- und Sozialbereich. Innsbruck und Wien: Studien-Verlag 1998.

Schnell, R./Hill, P.B./Esser, E.: Methoden der empirischen Sozialforschung. München und Wien: Oldenbourg 1999 (6. Aufl.).

Internetadressen

http://www.stangl-taller.at/ARBEITSBLAETTER/FORSCHUNGSMETHODEN/Beobachtung.shtml

Bestandsaufnahme

Evaluation der pädagogischen Arbeit einer Schule mithilfe quantitativer und qualitativer *Evaluationsmethoden*. Ziel ist die genaue Erfassung des Ist-Standes bzw.

der Stärken und Schwächen. Die Bestandsaufnahme ist Ausgangspunkt von Verbesserungsmaßnahmen.

Bienenkorb → Moderationsmethoden

Bildungsmonitoring

Dauerhafte Qualitätsbeobachtung in einem Bildungssystem. Hierfür werden regelmäßig bildungsstatistische Daten erhoben und Leistungsmessungen durchgeführt. Die Ergebnisse werden in einem Bildungsbericht zusammengefasst. Er dient als Grundlage für die Bildungsplanung und für bildungspolitische Entscheidungen.

Bildungsstandards

Bildungsstandards definieren, welche Kompetenzen Schüler bis zu einer bestimmten Jahrgangsstufe erworben haben sollen. Diese Kompetenzen werden so konkretisiert, dass sie in Aufgaben umgesetzt und mithilfe von Tests diagnostiziert werden können.

Die Bildungsstandards enthalten personale, soziale, methodische und fachliche Kompetenzbeschreibungen. Ergänzt werden diese Beschreibungen durch 3-stufige Niveaukonkretisierungen. Aus ihnen soll ersichtlich werden, wie sich Kompetenzen entwickeln und wie die Kompetenzentwicklung gefördert werden kann.

Die Bildungsstandards helfen den Unterricht auf das zu konzentrieren, was am Ende eines Bildungsabschnitts sicher beherrscht werden soll. Sie ermöglichen es auch, leistungsschwache Schüler frühzeitig zu erkennen und systematisch zu fördern. Die unterrichtliche Umsetzung der Bildungsstandards wird kontrolliert durch Orientierungs- und Vergleichsarbeiten sowie durch zentrale Prüfungen. Bildungsstandards schaffen einen Orientierungsrahmen, an dem sich Erziehung und Unterricht zielklar orientieren können. Ein Orientierungsrahmen ist kein Handlungskorsett, sondern er gibt Raum frei für schulinterne Lernplanungen und Schulcurricula.

Bildungsstandards allein beheben noch keine Defizite. Ob Bildungsstandards und weitere Qualitätsziele erreicht werden, muss durch *Selbst- und Fremdevaluation* regelmäßig überprüft werden. Falls Defizite zu Tage treten, folgt daraus ein schulinterner Qualitätsentwicklungsprozess mit Zielvereinbarungen, Maßnahmenplanung und Controlling.

Mit der Einführung von Bildungsstandards vollzieht sich ein Wechsel von der Input- zur Outputsteuerung. Gesteuert wird nicht mehr über umfangreiche Lehrplanvorgaben, sondern über die Evaluation von Lernergebnissen. Outputorientierte Bildungspläne sind nicht nur auf Länder-, sondern auch auf Bundesebene vonnöten. Letztere liegen inzwischen für den mittleren Bildungsabschluss vor.

Literatur

Bildungsstandards der Kultusministerkonferenz. Neuwied: Luchterhand 2005.

Rekus, J. (Hrsg.): Bildungsstandards, Kerncurricula und die Aufgaben der Schule. Münster: Aschendorff 2005.

Internetadressen

http://www.iqb.hu-berlin.de/

http://www.kmk.org/schul/Bildungsstandards/bildungsstandards-neu.htm

Blitzlicht → Moderationsmethoden

Bottom-up

Veränderungsprozesse, die von den Mitarbeiterinnen und Mitarbeitern einer Organisation angestoßen und getragen werden. Sie werden im schulischen Bereich auch als Schulentwicklung von unten bezeichnet. Ihr großer Vorteil ist, dass eine gute Änderungsmotivation entsteht und die Lehrpersonen sich mit den Änderungszielen stärker identifizieren als bei *top-down* initiierten Prozessen.

Box-Plot

graphische Darstellung, aus der auf einen Blick die Verteilungsform (symmetrisch, schief), der *Median*, das obere und untere Quartil sowie der minimale und maximale Wert (*Ausreißer*) der Verteilung eines Merkmals zu ersehen sind. Die Differenz zwischen dem oberen Quartil und dem unteren Quartil wird als Box dargestellt, in welcher der Median durch eine Linie gekennzeichnet ist. Die Box-Plot-Darstellung ist für Daten auf Ordinalskalenniveau und höher geeignet. Sie ermöglicht den raschen Vergleich von Verteilungen.

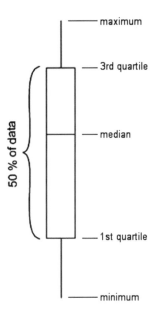

Abb. 2 Box-Plot

Coaching

Begleitende Beratung zur Förderung des beruflichen Fortkommens und zur Lösung beruflicher Probleme. Im schulischen Bereich können sowohl Schulleiterinnen und Schulleiter als auch Lehrkräfte Coaching in Anspruch nehmen. Es kann als Einzelcoaching und auch als Teamcoaching durchgeführt werden, und zwar von Schulpsychologen oder speziell ausgebildeten Lehrpersonen. Am Beginn des Beratungsprozesses findet eine Ist- und Sollanalyse statt, dann folgt die Umsetzung vereinbarter Ziele und Maßnahmen, die zwischendurch und abschließend hinsichtlich des Änderungserfolgs gemeinsam bewertet werden.

Controlling

Steuerung durch eine übergeordnete Instanz. Diese überprüft, ob gesetzte Ziele erreicht werden oder ob im Falle einer Nichterreichung Korrekturmaßnahmen durchgeführt werden. Controlling ist aber mehr als ein Vergleich von Ist- und Sollwerten. Ein guter Controller geht auch Abweichungen auf den Grund und zeigt auf, wie die Zielerreichung verbessert werden kann.

Corporate Identity → Schulprofil

Datenanalyse, qualitativ

Strukturierung und Zusammenfassung verbaler Daten, die beispielsweise durch ein *Interview* oder eine *Dokumentenanalyse* erhoben werden.

Datenanalyse, quantitativ

Reduktion numerischer Daten in Form von statistischen Kennwerten (z. B. *Mittelwert, Standardabweichung*) und Grafiken.

Datenerhebung

Systematische Sammlung von Informationen über den Untersuchungsgegenstand mit Hilfe sozialwissenschaftlicher Methoden (*Beobachtung, Befragung, Inhaltsanalyse*).

Datenfeedback

Rückspiegelung von Befragungsergebnissen an die beteiligten Personen. In schulischen Evaluationsprozessen sind dies die Schulleitung, das Kollegium, die Schülerinnen und Schüler, die Eltern und die Schulaufsicht. Auf das Feedback folgt die gemeinsame Analyse und Interpretation der Ergebnisse.

Dateninterpretation

Bei der Dateninterpretation werden aus der Auswertung Schlüsse gezogen. Sie besteht aus zwei Phasen. Zum einen werden die Ergebnisse im Kontext der Untersuchung interpretiert, zum anderen im Kontext bestehender Theorien oder anderer Untersuchungen.

Letztlich besteht alle Interpretation darin, vor dem Hintergrund von Hypothesen, die vor der *Datenerhebung* aufgestellt wurden, zu Kernaussagen zu gelangen. Diese müssen gut begründet und nachvollziehbar sein. Letzteres bedeutet, dass andere Personen zu denselben Aussagen gelangen müssen. Trifft dies zu, ist das wichtigste Gütekriterium, nämlich die Interpretationsobjektivität, erfüllt.

Wer Daten interpretiert, sucht nach Antworten auf folgende Leitfragen:

- Was sagen die Daten aus?
- Was bestätigt uns?
- Was überrascht uns?

- Was sieht die zentrale Tendenz aus?
- Wie streuen die Werte?
- Gibt es auffällig hohe oder auffällig niedrige Werte?
- Welche Stärken sind erkennbar?
- Welche Schwächen?
- Gibt es Unterschiede zwischen Teilgruppen?
- Gibt es Unterschiede zu früheren Befragungen?
- Welche Ursachen können für das Ergebnis in Betracht kommen?
- Wie lassen sich die Ergebnisse aus dem Blickwinkel von Theorien erklären?
- Welche Informationen brauchen wir noch?

Die Dateninterpretation ist ein Bindeglied zwischen Evaluation und Entwicklung. Konkret heißt dies, dass aus der Datenerhebung nicht nur Erkenntnisse abgeleitet werden, sondern auch qualitätsförderliche Maßnahmen.

Literatur

Bortz, J./Döring, N.: Forschungsmethoden und Evaluation für Human- und Sozialwissenschaftler. Berlin, Heidelberg, New York: Springer 2002 (3. Aufl.).

Schratz, M./Iby, M./Radnitzky, E.: Qualitätsentwicklung. Verfahren, Methoden, Instrumente. Weinheim und Basel: Beltz 2000.

Internetquelle

http://www.das-macht-schule.de/arbeitsmaterial/schulbericht/

DESI

In dieser Studie, deren Auftraggeber die Kultusminister der Länder in der Bundesrepublik Deutschland waren, erfasste man die Deutsch- und Englisch-Kompetenzen von Schülerinnen und Schülern der 9. Klassen unterschiedlicher Schulformen. Sie wurde zu zwei Messzeitpunkten, und zwar im September/Oktober 2003 und im Mai/Juni 2004, durchgeführt. Getestet wurden ca. 11.000 Schülerinnen und Schüler. Ergänzend hierzu fanden Fragebogenuntersuchungen statt. Zwischen den beiden Testungen lag auch eine Video-Studie des Englisch-Unterrichts in 105 Klassen.

Ziel der DESI-Studie war es, die sprachlichen Leistungen der Schülerinnen und Schüler durch individuelle, unterrichtliche, schulische und familiäre Faktoren zu erklären. Dadurch wollte man Ansätze zu Optimierung des Unterrichts finden.

Was die Englisch-Leistungen betrifft, schnitten die Gymnasiasten recht gut ab. 74% erreichen bereits ein Jahr vor der mittleren Reife deren Standards. Deutliche Defizite wiesen hingegen Hauptschüler und Schüler an integrierten Gesamtschulen auf. Im Fach Deutsch gab es zwischen den Schularten ebenfalls Niveauunterschiede, aber nicht so deutlich wie im Fach Englisch.

Klar erkennbar sind Geschlechtsunterschiede. In beinahe allen Belangen schnitten Mädchen besser ab als Jungen. In Deutsch betrug der Leistungsvorsprung 41

Punkte, in Englisch 31 Punkte. Die Jungen waren nur bei der Aussprache und Sprechflüssigkeit im Fach Englisch besser als die Mädchen.

Aus der Studie geht auch hervor, dass die Klarheit und die Höhe der Leistungsanforderungen der Lehrpersonen die Kompetenzentwicklung in Englisch und Deutsch wirksam beeinflusst.

Untersucht wurde schließlich der Einfluss des sozialen Hintergrunds. Leider zeigte sich ähnlich wie bei PISA, dass der soziökonomische Status den Lernerfolg bedeutsam mitdeterminiert.

Literatur

Klienme, E./Beck, B. (Hrsg.): Sprachliche Kompetenzen – Konzepte und Messung. Weinheim und Basel: Beltz 2006.

Internetadresse

www.dipf.de/desi/

Diagramm

Grafische Darstellung von Zahlenwerten und Größenverhältnissen. Sie dienen der Veranschaulichung. Man unterscheidet Kreisdiagramme, Balken-, Säulen- und Blockdiagramme, Liniendiagramme, Flächendiagramme und Punktdiagramme.

Dialog-Methode

Dialog ist gemeinsames Denken. Im Dialog teilen sich Menschen ihre Einstellungen, Erfahrungen und Gedanken mit. Aus der Fülle des Mitgeteilten sollen neue Einsichten, Lösungen und Erkenntnisse entstehen, die dem einzelnen Mitglied der Dialog-Runde nicht möglich sind.

Der Dialog bedarf eines Vertrauensraumes, in dem man offen miteinander sprechen kann. Dieser Dialog-Raum sollte auch frei sein von Macht und Macht-Allüren.

Unabdingbar für das Gelingen des Dialogs ist, seine eigenen Annahmen in der Schwebe zu halten, Gegensätze zuzulassen und sich auf Erkundungen einzulassen. Dies heißt nicht, dass man keinen eigenen Standpunkt haben darf. Es bedeutet, seinen eigenen Standpunkt zu verlassen und sich gemeinsam auf eine Gedanken-Wanderung zu begeben. Die Rückkehr ist zu ihm ist immer möglich.

Vom Dialog zu unterscheiden ist die Diskussion. Diese zielt primär darauf ab, eigene Meinungen und Erkenntnisse mitzuteilen und gegenüber den anderen Standpunkten zu verteidigen. Es ist durchaus möglich, einen längeren Kommunikationsprozess so zu gestalten, dass sich dialogische und diskursive Phasen abwechseln.

Man unterscheidet zwischen einem generativen Dialog, der zunächst kein konkretes Thema hat und ein zwangloser Austausch ist, und einem zielorientierten Dialog. Letztere Gesprächsform bedeutet, dass das Thema vorgegeben ist und dass man sich mit ihm zielorientiert beschäftigt.

Der Dialog ist nach Peter Senge (2001) eine Grundvoraussetzung der lernenden Organisation. Nur durch die Fähigkeit zum gemeinsamen Denken ist es möglich, miteinander Konzepte zu entwickeln und Probleme wirksam zu lösen. In den Teams der lernenden Organisation müssen regelmäßig Dialog-Runden stattfinden. Durch den Dialog gelangt das Team zu einer kollektiven Intelligenz (Gruppen-IQ), die mehr ist als die Summe der Einzelintelligenzen (Individual-IQ).

Eine Dialog-Runde benötigt zunächst einen Dialog-Begleiter, der ein vertrauensvolles Klima herstellt, den Gesprächsprozess moderiert und das Dialogverhalten fördert. Er sieht seine Rolle primär darin, ein freies Äußern und Zusammenfließen von Gedanken zu ermöglichen. Über kurz oder lang sollte die Gruppe fähig werden, sich selbst zu leiten.

Der Dialog ist als Kommunikationsform nicht universell anwendbar. Er ist weniger geeignet für den Informationsaustausch und für die Bearbeitung von Routinethemen. Sein Anwendungsfeld sind Besprechungen und Besprechungsphasen, in denen neues Wissen und neue Lösungen erarbeitet werden müssen.

Literatur

Bohm, D.: Der Dialog. Stuttgart: Klett-Cotta 1998.
Hartkemeyer, M./Hartkemeyer, J.F./Freeman, D.L.: Miteinander Denken. Das Geheimnis des Dialogs. Stuttgart: Klett-Cotta 1998.
Senge, P.: Die fünfte Disziplin. Kunst und Praxis der lernenden Organisation. Stuttgart: Klett-Cotta 2001 (8. Aufl.).

Internetadressen

http://www.dialogprojekt.de
http://www.solonline.org

Differenz

Beim Blick auf die „Gute Schule" fällt auf, dass zu ihrer Merkmalsstruktur ein individualisierender, das Lernen des einzelnen Schülers fördernder Unterricht gehört. Bestätigt wird dies durch Zusatzanalysen der PISA-Studie, aus denen hervorgeht, dass Länder mit sehr guten PISA-Ergebnissen viel Mühe auf die Individualisierung des Lernens verwenden. Der Unterrichtsforscher Andreas Helmke bezeichnet Individualisierung als die größte Herausforderung des Unterrichts. Darunter ist zu verstehen, dass der Unterricht an die lernrelevanten Unterschiede zwischen den Schülern angepasst wird durch differenzierte Lehr- und Lernformen, durch Lerndiagnosen und durch Lernprozessbegleitung.

Ein Musterbeispiel für eine gelungene schulische Individualisierungskultur ist Schweden. Individualisierung bleibt in Schweden nicht der einzelnen Lehrperson überlassen, sondern ist laut Schulprogramm Pflicht und tägliche pädagogische Praxis.

Dort kommt im pädagogischen Sprachgebrauch das Wort Individuum häufiger vor als das Wort Schüler. Es finden regelmäßige Lernstandsdiagnosen und Entwicklungsgespräche statt. Ergebnis dieser Ist-Analysen ist ein individueller Lernplan.

Bei der Schulevaluation in den skandinavischen Ländern spielt die Frage, in welchem Maße die Schule individualisiert, eine zentrale Rolle. Individualisierung ist ein Qualitätsindikator, der unbedingt bewertet werden muss. Wichtig zu wissen ist, dass in Skandinavien bereits in der Lehrerausbildung die künftigen Pädagogen für Heterogenität sensibilisiert werden und die notwendigen Differenzierungskompetenzen vermittelt bekommen.

In einer an Homogenität orientierten Schul- und Unterrichtskultur wird Differenz zum Problem. Wie aus den PISA-Ergebnissen zu entnehmen ist, tut sich Deutschland mit der Verschiedenheit der Schüler besonders schwer, und zwar besonders in der Sekundarstufe I.

Auffallend ist dabei Folgendes:

- Differenz und Heterogenität werden eher negativ gesehen. Je größer die Unterschiede, desto schwierigen das Erziehen und Unterrichten.

- Schüler, die nicht im Gleichschritt mitmarschieren, werden nicht selten als Störfall erlebt.

- Die Kompetenz zur Analyse von Verschiedenheit ist eher schwach ausgeprägt.

- Ebenso zu wünschen übrig lässt die Differenzierungsfähigkeit bzw. die Fähigkeit individualisierende Lern- und Übungsformen einzusetzen.

- Entwicklungsgespräche mit Eltern und Schülern sind eher selten.

- Der Umgang mit Heterogenität wird in den letzten Jahren vor allem von jüngeren Lehrpersonen immer häufiger als Ziel professionellen Lernens formuliert. Daraus folgt, dass viele Lehrerinnen und Lehrer das Problem erkannt haben. Sie sehen die Notwendigkeit der Differenzierung und wünschen sich diesbezüglich mehr Qualifizierung und Begleitung.

Wenn eine individualisierende Schul- und Unterrichtskultur verwirklicht werden soll, sind entsprechende Kompetenzen vonnöten. Erste Kompetenz ist sicherlich die Fähigkeit, die Verschiedenheit der Schülerinnen und Schüler differenziert erfassen und beschreiben zu können. Hierzu gehören die Einzelfähigkeiten der genauen Schülerbeobachtung, der Lernstandsdiagnose, der Lern- und Arbeitsverhaltensdiagnose und der schülerzentrierten Gesprächsführung. Nur derjenige, der diagnostisch kompetent ist, kann den Lehr-Lern-Prozess individualisieren!

Eine weitere Kompetenz besteht darin, den Unterricht thematisch, sozial, methodisch und medial im Klassenzimmer differenziert zu gestalten. Hierzu gehören sowohl eine fundierte Wissensbasis als auch ein flexibles Handlungsrepertoire.

Und der individualisierende Unterricht erfordert schließlich die Fähigkeit, den Lernprozess der einzelnen Schülerinnen und Schüler zu begleiten und mit ihnen und ihren Eltern zu bilanzieren. Das heißt, die Lehrperson muss das Lern-Coaching beherrschen.

Eine solche Kompetenzentwicklung erfordert folgende Maßnahmen. Erstens muss der Umgang mit Heterogenität zentraler Inhalt der Lehrerausbildung werden. Zweitens ist es Aufgabe der Lehrerfortbildung, den berufsbegleitenden Erwerb von Differenzierungsfähigkeiten verstärkt zu ermöglichen. Drittens sollte in Schulevaluationen die Individualisierung ein Qualitätsbereich sein, der gründlich bewertet wird. Und es sollte schließlich bei der Neudefinition der Lehrerarbeitszeit darauf geachtet werden, dass „Zeitraum" geschaffen wird für spezielle Individualisierungsformen (Lerndiagnose, Lernberatung, Entwicklungsgespräche).

Literatur

Deutsches PISA-Konsortium (Hrsg.): PISA 2000. Basiskompetenzen von Schülerinnen und Schülern im internationalen Vergleich. Opladen: Leske und Budrich 2001.

Eikenbusch, G.: Alle sind gleich – aber jeder ist anders ... Erkundungen zur Kultur der Individualisierung und Differenzierung in Schweden. Pädagogik 9/2003. S. 10–14

Keller, G.: Qualitätsentwicklung in der Schule. Schulentwicklung der kleinen Schritte. Heidelberg und Kröning: Asanger 2002.

Internetadressen

http://www.ggg-nrw.de/Lager/Ratzki.2000-09.html

http://www.so.ch/de/data/pdf/beobachtungsbogen_heterog2005128163431.pdf

Dispersion

Merkmal einer Verteilung. Es beschreibt, in welchem Maße die Einzelwerte um einen zentralen Tendenzwert streuen. Die wichtigsten Kennwerte der Dispersion sind *Standardabweichung, Varianz* und *Range*.

Dokumentenanalyse

Rückschlüsse auf die Gesamtqualität einer Schule oder einzelne Qualitätsmerkmale lassen sich auch aus der Analyse schulischer Materialien ableiten. Ohne eine Person zu befragen, erhält man aus ihren Inhalten Einblick in Strukturen, Prozesse und Ergebnisse.

Die Dokumentenanalyse ist im Grunde genommen das, was in der empirischen Sozialforschung als Inhaltsanalyse bezeichnet wird. Unter Inhaltsanalyse versteht man die systematische Erhebung und Kodierung von sprachlichen Inhalten und anderen Bedeutungsträgern (z.B. Bilder, Filme), aus denen unter dem Gesichtspunkt einer Forschungsfrage Schlüsse gezogen werden. In der Inhaltsanalyse werden bestimmte Bedeutungseinheiten zuvor definierten Kategorien zugeordnet. Die erfassten Bedeutungseinheiten werden bei der qualitativen Inhaltsanalyse vertiefend interpretiert, bei der quantitativen Inhaltsanalyse statistisch ausgewertet.

Nach Mayring (2002) gibt es vier Formen der qualitativen Inhaltsanalyse:

- Zusammenfassende Inhaltsanalyse: Das Material wird in Form eines Kurztextes zusammengefasst.

- Induktive Kategorienbildung: Es werden Kategorien bzw. ein Auswertungsschema gebildet, denen Textinhalte zugeordnet werden.

- Explizierende Inhaltsanalyse: Mithilfe von Hintergrundwissen wird der Inhalt verständlich gemacht.

- Strukturierende Inhaltsanalyse: Das Textmaterial wird nach bestimmten Kriterien gegliedert.

Will man Inhalte quantitativ auswerten, gibt es nach Schnell/Hill/Esser (1999) vier Möglichkeiten:

- Frequenzanalyse: Es wird ausgezählt, wie häufig bestimmte Inhalte auftreten.

- Valenzanalyse: Es wird erfasst, wie bestimmte Begriffe bewertet werden (Positiv, neutral, negativ)

- Intensitätsanalyse: Es wird zusätzlich die Intensität einzelner Bewertungen auf einer Skala eingestuft.

- Kontingenzanalyse: Es wird festgestellt, welche Inhalte wie häufig zusammen mit anderen auftreten.

Für eine Schulevaluation stehen unterschiedliche Dokumentarten zur Verfügung. Je nach Fragestellung eignen sich folgende Dokumente für eine Qualitätsanalyse:

- Schulprogramm
- Schulhomepage
- Schulstatistik
- Haushaltsplan
- Stundenplan
- Konferenzprotokolle
- Rundschreiben
- Klassenbücher
- Korrespondenz
- Jahresberichte
- Schülerzeitung
- SMV-Protokolle
- Prüfungsergebnisse
- Notendaten
- Prüfungsdaten
- Vergleichsarbeitsdaten

Bevor man mit der Dokumentenanalyse beginnt, muss auch geklärt werden, ob datenschutzrechtliche Normen zu beachten sind. Gegebenenfalls müssen Anonymisierungen vorgenommen werden.

Die Dokumentenanalyse selbst ist kein spontanes Sichten, sondern verlangt präzise Fragestellungen wie zum Beispiel:

- Wie sparsam geht die Schule mit Energie um?
- Findet nach Konferenzbeschlüssen ein Umsetzungscontrolling statt?
- Wie hoch sind die Ausländeranteile?
- Wie hoch war der Unterrichtsausfall in diesem Schuljahr?

Wichtig ist, dass nicht nur die augenblickliche Datenlage betrachtet wird, sondern auch Datentrends festgestellt werden. So ist es aufschlussreich zu ermitteln, welchen Verlauf die Schülerzahlenentwicklung der letzten Jahre aufweist.

Literatur

Buhren, C.G./Killus, D./Müller, S.: Wege und Methoden der Selbstevaluation. Ein praktischer Leitfaden für Schulen. Dortmund: Institut für Schulentwicklung 1998.

Mayring, P.: Qualitative Inhaltsanalyse: Grundlagen und Techniken. Weinheim: Deutscher Studien Verlag 2002 (8. Aufl.).

Schratz, M./Iby, M./Radnitzky, E.: Qualitätsentwicklung. Verfahren, Methoden, Instrumente. Weinheim und Basel: Beltz 2000.

Schnell, R./Hill, P.B./Esser, E.: Methoden der empirischen Sozialforschung. München und Wien: Oldenbourg 1999 (6. Aufl.).

Internetadressen

http://www.inhaltsanalyse.de

http://www.qualitative-research.net

http://www.qis.at

Effektivität

Effektivität bezeichnet die Wirksamkeit einer Maßnahme. Bei der Effektivitätsanalyse wird wird geprüft, ob eine Maßnahme geeignet ist, ein Ziel zu erreichen. Nicht ausdrücklich danach gefragt wird, ob dies auch wirtschaftlich ist. Es ist durchaus möglich, dass eine Maßnahme zur Zielerreichung führt, die Kosten jedoch viel zu hoch sind. In diesem Fall spricht man von geringer *Effizienz*.

Effektstärke

Maß für die Wirksamkeit von Trainings- und Therapieverfahren. Es wird berechnet, indem man die Mittelwertdifferenz zwischen Trainings- und Kontrollgruppe durch die Standardabweichung der Kontrollgruppe dividiert. Die Effektstärke kann Werte zwischen 0 und 1 annehmen.

Effizienz

Das Verhältnis zwischen dem erreichten Ergebnis einer Maßnahme und dem Aufwand. Bei der Effizienzanalyse wird geprüft, ob eine Maßnahme wirtschaftlich ist. Effiziente Maßnahmen sind nicht notwendigerweise auch wirksam. Daher muss immer auch die Frage nach der *Effektivität* gestellt werden.

EFQM-Modell → TQM

Ehemaligentreffen

Ehemalige Schülerinnen und Schüler werden zu einer Wiedersehensfeier in die Schule eingeladen. Sie dürfen im Unterricht hospitieren, mit Lehrpersonen und Schülern Gespräche führen und in Schuldokumente Einblick nehmen. In einem Rundgespräch, das protokolliert und anschließend ausgewertet wird, melden sie zurück, was aus ihrer Sicht gleich geblieben ist und was sich verändert hat. Die Ergebnisse können in eine aktuell laufende Evaluation einfließen.

Einpunktabfrage → Moderationsmethoden

Erwartungsabfrage → Moderationsmethoden

Evaluation

Unter Evaluation versteht man die Bewertung von Prozessen und Ergebnissen. Sie orientiert sich an explizit festgelegten Kriterien und Indikatoren.

Wenn die Wirkung einer Maßnahme (z. B. eines sozialen Kompetenztrainings) abschließend bewertet werden soll, spricht man von summativer Evaluation. Werden die Evaluationsdaten erhoben, um Ansatzpunkte für Entwicklungs- und Verbesserungsprozesse in einer Organisation zu finden, so ist dies eine formative Evaluation.

Für eine Evaluation werden Daten mit Hilfe quantitativer und qualitativer Verfahren systematisch erhoben und dokumentiert. Häufig angewandte Evaluationsverfahren sind *Befragung, Beobachtung, Dokumentenanalyse* und *Tests*. Das Untersuchungsdesign, das Vorgehen und die Ergebnisse müssen nachvollziehbar und überprüfbar sein.

Der Evaluationsprozess beinhaltet eine genaue Schrittfolge. Zunächst werden das Evaluationsziel, die Evaluationsbereiche sowie das methodische Vorgehen bestimmt. Dann werden systematisch Daten erhoben und analysiert. Schließlich werden die Evaluationsergebnisse in Form eines *Evaluationsberichts* zusammengefasst. Welche Konsequenzen daraus abgeleitet werden, entscheiden die Auftraggeber.

Seit der Veröffentlichung der Schulleistungsstudien *TIMMS* und *PISA* ist Evaluation zu einem bildungspolitischen und schulpädagogischen Schwerpunktthema geworden. Man verspricht sich von einer regelmäßigen Schulevaluation eine nachhaltige Verbesserung der Schulqualität. Dieses Ziel soll erreicht werden durch *Selbstevaluation* der einzelnen Schule, die ergänzt wird durch eine von Zeit zu Zeit stattfindende *Fremdevaluation*.

Schulevaluation muss auf der Basis gesetzter Qualitätsmaßstäbe stattfinden. Hierzu gehören zum einen Kriterien, die sich in Schulqualitätsstudien als Merkmale guter Schulen erwiesen haben, und zum anderen *Bildungsstandards* bzw. erwünschte Lernergebnisse.

Zentrale Bereiche der Schulevaluation sind:

- Unterricht
- Professionalität der Lehrpersonen
- Schulführung und Schulmanagement
- Schul- und Klassenklima
- Außenbeziehungen
- Qualitätsmanagement.

An Evaluationsverfahren werden in der Schulevaluation folgende Verfahren vielfach eingesetzt:

- *Stärken-Schwächen-Analyse* nach der Moderationsmethode: In Kleingruppen wird herausgearbeitet, was die Stärken und Schwächen der Schule sind; im Plenum werden die Ergebnisse zu einem Stärken-Schwächen-Profil zusammengefasst.

- Qualitätsaudit: Auf der Basis vorgegebener Qualitätsstandards, die in einem Qualitätshandbuch (z. B. *Q2E, EFQM*) operationalisiert sind, wird die Schulqualität bewertet.

- *Fragebogen*: Lehrer, Eltern und Schüler beurteilen mit Einschätzungsbögen zentrale Schulaspekte.

- *Beobachtung*: Einzelne Qualitätsbereiche wie z. B. der Unterricht werden mit Hilfe von Beobachtungsinstrumenten kriteriengeleitet unter die Lupe genommen.

- *Dokumentenanalyse*: An Hand von Dokumenten wie Schulprogramm, Konferenzprotokolle, Stundenplan, Schulstatistik werden qualitätsrelevante Daten erhoben.

- *Vergleichsarbeiten*: Auf der Basis der Daten dieser zentralen Leistungsmessung wird eruiert, wie die Schule im Vergleich zu anderen Schulen positioniert ist.

Ein aus einer Schulevaluation resultierender Qualitätsentwicklungsprozess ist ein Regelkreis von Zielvereinbarungen und Fortschrittsmessungen. Die Schulaufsicht hat in diesem Regelkreis eine wichtige steuernde Funktion. Sie vereinbart mit der einzelnen Schule Änderungsziele und überprüft die Zielerreichung durch Ist-Soll-Vergleiche.

Die Schulqualitätsforschung hat nachgewiesen, dass Schulevaluation in diesem Sinne sowohl das Arbeitsklima als auch die Produktivität verbessern hilft. Dieser Effekt trifft sowohl auf die Einzelschule als auch auf das nationale Schulsystem zu.

Die große Evaluation als Gesamtanalyse der Schule ist nur dann langfristig wirksam, wenn sie durch permanente kleine Evaluationen ergänzt wird:

- regelmäßige Bewertung des Leistungs- und Sozialverhaltens in der Klassenkonferenz
- regelmäßige Reflexion der pädagogischen Arbeit in Gesamtlehrerkonferenzen
- bilanzierende Arbeitsrückschau am Halbjahres- und Schuljahresende
- gemeinsame Unterrichtsanalyse
- Parallelarbeiten
- Analyse der Schulstatistik
- Schüler- und Eltern-Feedback
- Abnehmer-Befragungen.

Literatur

Burkard, C./Eikenbusch, G.: Praxishandbuch Evaluation in der Schule. Berlin: Cornelsen Scriptor 2000.

Keller, G.: Qualitätsentwicklung in der Schule. Ziele, Methoden, kleine Schritte. Heidelberg und Kröning: Asanger 2002.

Kempfert, G./Rolff, H.G.: Qualität und Evaluation. Ein Leitfaden für Pädagogisches Qualitätsmanagement. Weinheim und Basel: Beltz 2005 (4. Aufl.).

Wottawa, H./Thierau, H.: Lehrbuch Evaluation. Bern: Huber 1998 (2. Aufl.).

Internetadressen

http://www.ceval.de/

http://www.degeval.de

http://www.univation.org

Evaluation, extern → Fremdevlaution

Evaluation, formativ → Evaluation

Evaluation, intern → Selbstevaluation

Evaluation, summativ → Evaluation

Evaluationsbereiche

Das, was in einer internen oder externen Evaluation bewertet wird. Evaluationsbereiche können sein der Unterricht, das Schulklima, die Schulführung, die Lehrerprofessionalität, die Außenbeziehungen oder das Qualitätsmanagement. Es hängt letztlich von den Evaluationsverantwortlichen ab, welche Bereiche ausgewählt werden.

Evaluationsbericht

Es gehört zu den Standards der Selbst- und Fremdevaluation, dass die Evaluationsarbeit in Form eines Evaluationsberichts zusammenfassend dargestellt wird. Im Evaluationsbericht wird festgehalten,

- was die Ziele und Gegenstände der Evaluation waren
- welche Instrumente verwendet wurden
- in welchen Schritten die Evaluation ablief
- welche Ergebnisse herauskamen
- welche Konsequenzen zu ziehen sind.

Im Falle einer Fremdevaluation wird der Evaluationsbericht von den externen Evaluatoren verfasst. In der Regel wird er nicht nur der Schulleitung und dem Kollegium vorgelegt, sondern auch denjenigen, die für die Schule extern qualitätsverantwortlich sind. Basiert der Evaluationsbericht auf einer Selbstevaluation, bleibt es der Schule überlassen, ob sie den Bericht außerschulischen Personen und Institutionen zusendet.

Aus dem Evaluationsbericht sollten nicht nur die Vorgehensweise und die Ergebnisse der Evaluation zu ersehen sein, sondern auch die sich daraus ergebenden Entwicklungsperspektiven. Handelt es sich um einen Bericht über eine Selbstevaluation, ist der Maßnahmenplan darzulegen. In einem externen Evaluationsbericht dürfen keine Maßnahmen vorgeschrieben, sondern lediglich Entwicklungsvorschläge gemacht werden. Was konkret verbessert werden muss, ist Ergebnis der Zielvereinbarungen, die im Dialog zwischen Schule und Schulaufsicht entstehen.

Literatur

Bildungsdirektion des Kantons Zürich (Hrsg.): Verfahrensschritte der externen Schulevaluation. Zürich: Lehrmittelverlag des Kantons Zürich 2001.

Schratz, M./Iby, M./Radnitzky, E.: Qualitätsentwicklung. Verfahren, Methoden, Instrumente. Weinheim und Basel: Beltz 2000.

Internetadressen

http://www.qis.at/pqistext.asp?Dokument=3&Reihenfolge=8

Evaluationsdesign

Anlage einer Evaluation. Zum einen wird beschrieben, was das Ziel des Evaluationsvorhabens ist. Zum anderen wird erläutert, welche Evaluationsverfahren angewandt werden, in welchen Schritten die Datenerhebung erfolgt und wie die Ergebnisse ausgewertet und präsentiert werden.

Evaluationsergebnisse

Erkenntnisse, die aus der Evaluation resultieren. Auf dieser Erkenntnisbasis wird entschieden, welche Konsequenzen für die Qualitätssicherung und Qualitätsentwicklung daraus gezogen werden.

Evaluationskreislauf

Abfolge von Arbeitschritten im Prozess der Schulevaluation. Der Evaluationskreislauf beginnt mit der Klärung der Evaluationsbereiche, der Bestimmung von Qualitätsleitsätzen, Kriterien und Indikatoren. Dann folgen die Auswahl der Messinstrumente sowie die *Datenerhebung* und *Datenanalyse*. Schließlich werden die Daten rückgemeldet und daraus Verbesserungsmaßnahmen abgeleitet.

Irgendwann wird es nötig sein, die Schule erneut zu evaluieren, denn es gibt nichts, was nicht besser sein könnte. Deshalb beginnt der Kreislauf von neuem.

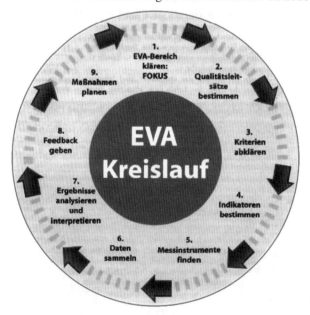

Abb. 3 Evaluationskreislauf
http://www.pz.bildung-rp.de

Der Evaluationskreislauf ist ein praktikables Orientierungsmodell für die Planung und Durchführung der Schulevaluation. Darüber hinaus erinnert er daran, dass diese nicht eine punktuelle, sondern fortwährende Aufgabe des schulischen Qualitätsmanagements ist.

Literatur

Kempfert, G./Rolff, H. G.: Qualität und Evaluation. Ein Leitfaden für Pädagogisches Qualitätsmanagement. Weinheim und Basel: Beltz 2005 (4. Aufl.).

Internetadresse

http://www.pz.bildung-rp.de

Evaluationskriterien

Merkmale, an denen *Schulqualität* festgemacht wird. Ein solches Kriterium kann die Lehrerkooperation sein. Um ein solches Kriterium beobachtbar und messbar zu machen, müssen *Indikatoren* gebildet werden. Ein konkreter Anhaltspunkt ist die gemeinsame Reflexion des Disziplinverhaltens der Schülerinnen und Schüler in der Klassenkonferenz. Die konkretisierten Evaluationskriterien der einzelnen Schulqualitätsbereiche sind in vielen Ländern in Form von Qualitätsleitfäden zusammengefasst.

Evaluationsmethoden

Verfahren, mit denen man im Rahmen einer Evaluation Daten erhebt. Möchte man das, was man evaluiert, in Form von Zahlen erfassen, verwendet man *quantitative Methoden*. Ein typisches Beispiel hierfür ist der standardisierte *Fragebogen*. Will man verstehend-interpretierend evaluieren, bieten sich *qualitative Methoden* als Mittel der Erkenntnisgewinnung an. Erhoben werden zum einen verbale Daten (z. B. mit einem Leitfaden*interview*), zum anderen auch visuelle Daten (z. B. mit einer *Fotoevaluation*).

Evaluationsnutzung

Schulevaluation ist kein Selbstzweck, sondern ist nur dann sinnvoll, wenn sie einen unmittelbaren praktischen Nutzen hat. Dieser muss sichtbar sein in Form von praktischen Veränderungs- und Verbesserungsprozessen. Dass tatsächlich eine Nutzung stattfindet, ist letztlich nur durch ein Controlling möglich. Dies heißt, während der Umsetzung von Änderungszielen immer wieder Bilanzen durchzuführen. Gibt es kein Umsetzungscontrolling, bleiben Evaluationen häufig nutzlos.

Evaluationsstandards

Die Deutsche Gesellschaft für Evaluation e.V. (DeGEval) hat 2001 zum ersten Mal Standards für Evaluation beschlossen. Damit soll dafür gesorgt werden, dass Evaluationen qualitätsbewusst und fair durchgeführt werden. In den Standards wird beschrieben, wie Evaluation professionell praktiziert wird.

An den Evaluationsstandards sollen sich nicht nur Evaluatoren orientieren, sondern auch Auftraggeber und alle Personen, welche die Beachtung der Standards fördern können.

Aus der professionellen Sicht der DeGEval sollen Evaluationen vier grundlegende Eigenschaften aufweisen: Nützlichkeit – Durchführbarkeit – Fairness – Genauigkeit.

NÜTZLICHKEIT

Die Nützlichkeitsstandards sollen sicherstellen, dass die Evaluation sich an den geklärten Evaluationszwecken sowie am Informationsbedarf der vorgesehenen Nutzer und Nutzerinnen ausrichtet.

N1 Identifizierung der Beteiligten und Betroffenen
Die am Evaluationsgegenstand beteiligten oder von ihm betroffenen Personen bzw. Personengruppen sollen identifiziert werden, damit deren Interessen geklärt und so weit wie möglich bei der Anlage der Evaluation berücksichtigt werden können.

N2 Klärung der Evaluationszwecke
Es soll deutlich bestimmt sein, welche Zwecke mit der Evaluation verfolgt werden, so dass die Beteiligten und Betroffenen Position dazu beziehen können und das Evaluationsteam einen klaren Arbeitsauftrag verfolgen kann.

N3 Glaubwürdigkeit und Kompetenz des Evaluators / der Evaluatorin
Wer Evaluationen durchführt, soll persönlich glaubwürdig sowie methodisch und fachlich kompetent sein, damit bei den Evaluationsergebnissen ein Höchstmaß an Glaubwürdigkeit und Akzeptanz erreicht wird.

N4 Auswahl und Umfang der Informationen
Auswahl und Umfang der erfassten Informationen sollen die Behandlung der zu untersuchenden Fragestellungen zum Evaluationsgegenstand ermöglichen und gleichzeitig den Informationsbedarf des Auftraggebers und anderer Adressaten und Adressatinnen berücksichtigen.

N5 Transparenz von Werten
Die Perspektiven und Annahmen der Beteiligten und Betroffenen, auf denen die Evaluation und die Interpretation der Ergebnisse beruhen, sollen so beschrieben werden, dass die Grundlagen der Bewertungen klar ersichtlich sind.

N6 Vollständigkeit und Klarheit der Berichterstattung
Evaluationsberichte sollen alle wesentlichen Informationen zur Verfügung stellen, leicht zu verstehen und nachvollziehbar sein.

N7 Rechtzeitigkeit der Evaluation
Evaluationsvorhaben sollen so rechtzeitig begonnen und abgeschlossen werden, dass ihre Ergebnisse in anstehende Entscheidungsprozesse bzw. Verbesserungsprozesse einfließen können.

N8 Nutzung und Nutzen der Evaluation
Planung, Durchführung und Berichterstattung einer Evaluation sollen die Beteiligten und Betroffenen dazu ermuntern, die Evaluation aufmerksam zur Kenntnis zu nehmen und ihre Ergebnisse zu nutzen.

DURCHFÜHRBARKEIT

Die Durchführbarkeitsstandards sollen sicherstellen, dass eine Evaluation realistisch, gut durchdacht, diplomatisch und kostenbewusst geplant und ausgeführt wird.

D1 Angemessene Verfahren
Evaluationsverfahren, einschließlich der Verfahren zur Beschaffung notwendiger Informationen, sollen so gewählt werden, dass Belastungen des Evaluationsgegenstandes bzw. der Beteiligten und Betroffenen in einem angemessenen Verhältnis zum erwarteten Nutzen der Evaluation stehen.

D2 Diplomatisches Vorgehen
Evaluationen sollen so geplant und durchgeführt werden, dass eine möglichst hohe Akzeptanz der verschiedenen Beteiligten und Betroffenen in Bezug auf Vorgehen und Ergebnisse der Evaluation erreicht werden kann.

D3 Effizienz von Evaluation
Der Aufwand für Evaluation soll in einem angemessenen Verhältnis zum Nutzen der Evaluation stehen.

FAIRNESS

Die Fairnessstandards sollen sicherstellen, dass in einer Evaluation respektvoll und fair mit den betroffenen Personen und Gruppen umgegangen wird.

F1 Formale Vereinbarungen
Die Pflichten der Vertragsparteien einer Evaluation (was, wie, von wem, wann getan werden soll) sollen schriftlich festgehalten werden, damit die Parteien verpflichtet sind, alle Bedingungen dieser Vereinbarung zu erfüllen oder aber diese neu auszuhandeln.

F2 Schutz individueller Rechte
Evaluationen sollen so geplant und durchgeführt werden, dass Sicherheit, Würde und Rechte der in eine Evaluation einbezogenen Personen geschützt werden.

F3 Vollständige und faire Überprüfung
Evaluationen sollen die Stärken und die Schwächen des Evaluationsgegenstandes möglichst vollständig und fair überprüfen und darstellen, so dass die Stärken weiter ausgebaut und die Schwachpunkte behandelt werden können.

F4 Unparteiische Durchführung und Berichterstattung
Die Evaluation soll unterschiedliche Sichtweisen von Beteiligten und Betroffenen auf Gegenstand und Ergebnisse der Evaluation in Rechnung stellen. Berichte sollen ebenso wie der gesamte Evaluationsprozess die unparteiische Position des Evaluationsteams erkennen lassen. Bewertungen sollen fair und möglichst frei von persönlichen Gefühlen getroffen werden.

F5 Offenlegung der Ergebnisse
Die Evaluationsergebnisse sollen allen Beteiligten und Betroffenen soweit wie möglich zugänglich gemacht werden.

GENAUIGKEIT

Die Genauigkeitsstandards sollen sicherstellen, dass eine Evaluation gültige Informationen und Ergebnisse zu dem jeweiligen Evaluationsgegenstand und den Evaluationsfragestellungen hervorbringt und vermittelt.

G1 Beschreibung des Evaluationsgegenstandes
Der Evaluationsgegenstand soll klar und genau beschrieben und dokumentiert werden, so dass er eindeutig identifiziert werden kann.

G2 Kontextanalyse
Der Kontext des Evaluationsgegenstandes soll ausreichend detailliert untersucht und analysiert werden.

G3 Beschreibung von Zwecken und Vorgehen
Gegenstand, Zwecke, Fragestellungen und Vorgehen der Evaluation, einschließlich der angewandten Methoden, sollen genau dokumentiert und beschrieben werden, so dass sie identifiziert und eingeschätzt werden können.

G4 Angabe von Informationsquellen
Die im Rahmen einer Evaluation genutzten Informationsquellen sollen hinreichend genau dokumentiert werden, damit die Verlässlichkeit und Angemessenheit der Informationen eingeschätzt werden kann.

G5 Valide und reliable Informationen
Die Verfahren zur Gewinnung von Daten sollen so gewählt oder entwickelt und dann eingesetzt werden, dass die Zuverlässigkeit der gewonnenen Daten und ihre Gültigkeit bezogen auf die Beantwortung der Evaluationsfragestellungen nach fachlichen Maßstäben sichergestellt sind. Die fachlichen Maßstäbe sollen sich an den Gütekriterien quantitativer und qualitativer Sozialforschung orientieren.

G6 Systematische Fehlerprüfung
Die in einer Evaluation gesammelten, aufbereiteten, analysierten und präsentierten Informationen sollen systematisch auf Fehler geprüft werden.

G7 Analyse qualitativer und quantitativer Informationen
Qualitative und quantitative Informationen einer Evaluation sollen nach fachlichen Maßstäben angemessen und systematisch analysiert werden, damit die Fragestellungen der Evaluation effektiv beantwortet werden können.

G8 Begründete Schlussfolgerungen
Die in einer Evaluation gezogenen Folgerungen sollen ausdrücklich begründet
werden, damit die Adressaten und Adressatinnen diese einschätzen können.

G9 Meta-Evaluation
Um Meta-Evaluationen zu ermöglichen, sollen Evaluationen in geeigneter Form
dokumentiert und archiviert werden.

Literatur

Joint Committee on Standards for Educational Evaluation/Sanders, J. R. (Hrsg.): Handbuch der
   Evaluationsstandards. Wiesbaden: Verlag für Sozialwissenschaften 2006 (3. Aufl.).

Internetadressen

http://www.degeval.de
http://www.seval.ch/de/ueberuns/index.cfm

Evaluationsteam

Eine Gruppe von Personen, die unabhängig von der staatlichen Schulaufsicht an
einer Schule eine Fremdevaluation durchführt. Organisatorisch ist das Evaluationsteam an einer Fachstelle für Schulevaluation angesiedelt. Entweder gehören
dem Team nur speziell ausgebildete Lehrpersonen an. Oder es ist multidisziplinär
zusammengesetzt. Das heißt, dass im Team nicht nur Lehrpersonen vertreten sind,
sondern auch externe Fachpersonen aus der Wirtschaft, der Hochschule oder der
Elternschaft. Der vom Evaluationsteam erstellte Evaluationsbericht ist Ausgangspunkt von Zielvereinbarungen zwischen Schule und Schulaufsicht.

Evaluationszielscheibe

Eine Zielscheibe (Format A1) wird in 4-8 Segmente aufgeteilt. An die Segmentau-
ßenränder werden zu bewertende Themen oder Aussagen geschrieben. Die Befragungspersonen setzen ihre Bewertungskreuze in jedes einzelne Segment. Die
Bewertung ist umso besser, je näher die Kreuze zur Mitte hin liegen.

Vorteil der Evaluationszielscheibe ist, dass die Gesamtbewertung klar ersichtlich
wird. Nachteilig ist, dass die Methode nur die Bewertung einer begrenzten Anzahl
von Indikatoren ermöglicht.

Es empfiehlt sich, im Anschluss an die Bewertung eine Reflexionsrunde durchzuführen.

Klasse: _____ Datum: _____

Die Zielscheibe

Bitte markiere in jedem der acht Kreissegmente den für
Dich zutreffenden Treffer mit einem X (5 = trifft voll zu)!

Abb. 4 Beispiel einer Evaluationszielscheibe
    http://www.qis.at/pqistext.asp?Dokument=33&Reihenfolge=1

Literatur

Schratz, M./Iby, M./Radnitzky, E.: Qualitätsentwicklung. Verfahren, Methoden, Instrumente. Weinheim und Basel: Beltz 2000.

Altrichter, H./Messner, E./Posch, P.: Schulen evaluieren sich selbst. Ein Leitfaden. Seelze: Kallmeyer 2004

Internetadressen

http://www.ifs.uni-dortmund.de/WZK-neu/eva.htm
http://www.sequals.org/chapt_3/pdf/ex_a8_long_all_dt.pdf

Fassadenevaluation

Vorspiegelung eines positiven Qualitätsbildes. Die Schule bewertet sich nicht so, wie sie wirklich ist. Sie vertuscht ihre Schwächen und Fehler. Einem professionell arbeitenden Fremdevaluationsteam müsste es gelingen, das Fassadäre der Selbstevaluation zu erkennen und dies der Schule kritisch zurückzuspiegeln.

Feedback

Der Begriff „Feedback" stammt aus der Kybernetik und bedeutet, dass ein Ist-Wert an die Ist-Soll-Vergleichsinstanz eines Systems zurückgemeldet wird. In der Sozialpsychologie spricht man von Feedback, wenn eine Person einer anderen mitteilt, wie sie ihr Verhalten wahrgenommen, erlebt und verstanden hat. Feedback ist unabdingbar für die Weiterentwicklung von Personen, Gruppen und Organisationen. Für das Gelingen von Feedback ist zum einen Vertrauen vonnöten und zum anderen die Beachtung von Regeln. Wird Feedback blindlings praktiziert, ist es durchaus möglich, dass es mehr Schaden als Nutzen erzeugt.

Seit Feedback als gruppendynamische Methode angewandt wird, hat man sich auch mit der Frage beschäftigt, welches Feedbackverhalten förderlich ist. Im Folgenden werden wichtige Feedbackregeln genannt:

- Feedback sollte primär beschreibend sein und keine Wertungen enthalten.
- Im Feedback muss das Wahrgenommene sehr konkret und anschaulich beschrieben werden.
- Günstig ist es, wenn das Feedback situativ gegeben wird und nicht zu einem späteren Zeitpunkt.
- Feedback muss taktvoll und mit Fingerspitzengefühl gegeben werden.
- Feedback hat nur dann Änderungschancen, wenn es sich auf Verhaltensweisen und nicht auf Charaktermerkmale bezieht.
- Feedback ist keine Belehrung, sondern eine Hilfe.
- Feedback ist dann besonders angebracht, wenn der Empfänger signalisiert, dass er jetzt eine Rückmeldung braucht.

- Was im Feedback mitgeteilt wird, ist nur vorläufig und kann jederzeit überprüft werden.

- Feedback ist nicht nur bei kritischem Verhalten angebracht, sondern auch bei positivem.

- Feedback muss ehrlich gemeint sein und aus dem Herzen kommen.

Das Feedbackgeben bereitet vielen Menschen immer noch große Schwierigkeiten. Häufig wird das, was man gerne jemandem rückmelden möchte, zurückgehalten. Nicht selten wird es mit Drittpersonen besprochen, also in heimlicher Kommunikation. Diese erzählt es möglicherweise weiter, so dass die Mitteilung auf vielen Umwegen dann doch beim Empfänger landet, was diesen meist verärgert.

Wenn Gruppen und Organisationen zu einer ehrlichen *Feedbackkultur* gelangen möchten, benötigen sie erfahrungsgemäß einen längeren Entwicklungsprozess. Und sie bedürfen dabei auch einer externen Fachperson, die sie dabei unterstützt und begleitet.

Literatur

Antons, K.: Praxis der Gruppendynamik. Übungen und Techniken. Göttingen: Hogrefe 2000 (8. Aufl.).

Fengler, J.: Feedback geben. Strategien und Übungen. Weinheim und Basel: Beltz 1998.

Rechtien, W.: Angewandte Gruppendynamik. Weinheim: Psychologie Verlags Union (3. Aufl. 1999).

Vilsmeier, C.: Feedback geben – mit Sprache handeln. Spielregeln für bessere Kommunikation. Düsseldorf: Metropolitan 2000.

Internet-Adressen

http://www.psychologie.de

http://www.stangl-taller.at/ARBEITSBLAETTER/KOMMUNIKATION/Feedbackgeben.html

Feedbackkultur

Regelmäßiges *Feedback* in einer Schule auf verschiedenen Ebenen (z. B. Schulleitung-Lehrpersonen, Lehrperson-Schüler). Wichtig dabei ist, dass alle Beteiligten innerlich bereit sind, Feedback anzunehmen und zu geben. Der Aufbau einer Feedbackkultur ist ein längerer Prozess, der sorgfältig gesteuert und begleitet werden muss.

Fokusevaluation

Eine Evaluation, die einen Qualitätsbereich, bei dem ein besonderer Entscheidungs- oder Entwicklungsbedarf besteht, in Augenschein nimmt. Dieser Evaluationsfokus wird vertieft analysiert.

Fortschrittsmessung

Ohne Fortschrittsmessung kann es in schulischen Änderungsprozessen keinen nachhaltigen Erfolg geben. Wer Qualitätsentwicklungsprozesse plant, muss in den Verlaufsplan Meilensteine einbauen, an denen eine Überprüfung des Fortschritts stattfindet. Dabei wird die Frage gestellt, ob und in welchem Maße die vereinbarten Ziele umgesetzt worden sind. Empfänger sind Personen und Gruppen, die am Entwicklungsbeginn für konkrete Aufgaben und Ziele die Umsetzungsverantwortung übernommen haben.

Die Fortschrittsmessung wird anhand des Projekt- bzw. Änderungsplans vorgenommen. Verantwortlich für die Durchführung ist die Projektleitung bzw. Steuergruppe. Falls der Entwicklungsprozess von einer externen Person oder Gruppe begleitet wird, nehmen diese an der Messung teil. Die Messung kann ergeben, dass ein Ziel oder Zwischenziel

- als erreicht gilt
- partiell erreicht wurde
- gar nicht in Angriff genommen wurde.

Aufbauend auf dieser Informationsbasis wird überlegt, wie die Zielerreichung verbessert und beschleunigt werden kann. Daraus resultieren neue Zielvereinbarungen. Eine Konsequenz kann auch sein, dass ein Ziel getilgt werden muss. Und schließlich ist es möglich, dass ein völlig neues Ziel bestimmt und vereinbart wird. Die Ergebnisse der Fortschrittsmessung werden in Form von Statusreports dokumentiert.

Literatur

Litke, H.D./Kunow, I.: Projektmanagement. Planegg: STS 2000.

Mayrshofer, D./Kröger, H.A.: Prozesskompetenz in der Projektarbeit. Hamburg: Windmühle 2001.

Internetadresse

http://www.projektmagazin.de/glossar

Fotoevaluation

Mithilfe dieser Methode wird der Lern- und Lebensort Schule, so wie die Schüler und Schülerinnen ihn erleben, bewertet. Sie übernehmen dabei die Rolle des schulinternen Evaluators und Feedbackgebers. Zentrale Leitfragen einer Fotoevaluation sind:

- Wo fühlen wir uns in der Schule wohl?
- Wo fühlen wir uns in der Schule unwohl?

Die Fotoevaluation wird von mehreren Kleingruppen (4–5 Mitglieder) durchgeführt. Vor dem Beginn des Fotografierens entscheidet jede Gruppe, welche Orte sie in welcher Reihenfolge in den Blick nehmen möchte. Um eine Bilderflut zu vermeiden, muss die Anzahl der Orte begrenzt werden. Man kann zum Beispiel vereinbaren, dass vier „Wohlfühlorte" und vier „Schlechtfühlorte" dokumentiert werden.

Wenn die Gruppe einen Ort in Augenschein nimmt, tut sie dies nicht nur fotografisch, sondern sie formuliert auch einen Kommentar. Dieser wird entweder auf ein Tonband gesprochen oder schriftlich festgehalten.

Nachdem die Foto-Tour zu Ende ist, werden die Aufnahmen ausgewertet und zu einer Gruppenpräsentation zusammengefügt.

In einer abschließenden Plenumsveranstaltung präsentieren die Kleingruppen ihre Ergebnisse. Diese werden miteinander verglichen, reflektiert und in eine Gesamtbewertung integriert. Die Fotoevaluation endet damit, dass die Schüler und Schülerinnen überlegen, wie die „Schlechtfühlorte" in „Wohlfühlorte" verwandelt werden können.

Literatur

Schratz, M./Steiner-Löffler, U.: Im Dschungel der Gefühle. Fotografie als Medium der (Selbst-)-reflexion. In: Schratz, M.: Schule gemeinsam lebendig gestalten. Anregungen zu Schulentwicklung und didaktischen Erneuerung. Weinheim und Basel: Beltz 1996.

Schratz, M./Iby, M./Radnitzky, E.: Qualitätsentwicklung. Verfahren, Methoden, Instrumente. Weinheim und Basel 2000.

Internetadressen

http://www.blk-demokratie.de/materialien/demokratiebausteine/selbstevaluation/exkurs-foto-evaluation

http://www.qis.at/pdf/om/omk2_2.pdf

Fragebogen

Der Fragebogen ist ein klassisches Instrument der empirischen Sozialforschung. Er besteht aus vorgegebenen Fragen, die von den Befragungspersonen schriftlich beantwortet werden. Im Gegensatz zum Interviewleitfaden ist er stark standardisiert, um eine Vergleichbarkeit der Daten zu gewährleisten.

Fragen können nach ihrer Form und nach ihrem Inhalt differenziert werden. Was die Form betrifft, gibt es drei Arten von Fragen:

- geschlossene Fragen (vorgegebene Antworten)
- offene Fragen (keine Antwortvorgaben)
- Hybridfragen (vorgegebene Antworten und eine offene Antwortmöglichkeit).

Bei geschlossenen Fragen kommen folgende Antwortformate besonders häufig zur Anwendung: Ja-Nein-Antworten, Mehrfach-Wahl-Antworten sowie *Ratingskalen* (z. B. trifft voll zu – trifft eher zu – trifft eher nicht zu – trifft gar nicht zu).

Hinsichtlich des Frageinhalts unterscheidet man Meinungs- und Einstellungs-fragen, Überzeugungsfragen, Verhaltensfragen, Wissensfragen und Eigenschafts-fragen.

Normalerweise ist ein Fragebogen folgendermaßen aufgebaut:

1. Instruktionstext
2. Eröffnungsfrage
3. Fragen zum Thema
4. Sozialstatistische Fragen

Die einzelnen Fragen sollen nicht ungeordnet aufeinander folgen, sondern in Form thematischer Blöcke gruppiert werden.

Bevor ein Fragebogen offiziell angewandt wird, ist er einem Vortest zu unterzie-hen. An einer kleineren Stichprobe wird geprüft, ob er schlüssig aufgebaut ist, die Fragen verständlich sind und das Instrument handhabbar ist.

In der Schulevaluation werden Fragebögen häufig eingesetzt. Teils werden sie selbst konstruiert, teils übernimmt man standardisierte Instrumente wie zum Bei-spiel das *IFS-Schulbarometer* oder *SEIS*.

Wer einen Fragebogen zum Zweck der Schulevaluation selbst konstruieren möchte, muss zunächst überlegen, welche Meinungen, Einstellungen, Verhaltens-weisen und sozialstatistischen Merkmale erfasst werden sollen. Der nächste Schritt besteht darin, eine Grobgliederung anzufertigen. Steht die thematische Struktur fest, kann die Frageformulierung beginnen. Hierfür gibt es Grundregeln, die unbe-dingt beachtet werden müssen:

- Die Fragen müssen verständlich und dem Adressatenkreis angepasst sein.
- Die Sätze sollen möglichst nicht mehr als 20 Wörter enthalten.
- Die Frage darf sich nur auf einen Sachverhalt beziehen (Falsch: Der Schulleiter ist motiviert und kompetent.). Stattdessen sollte man lieber Einzelfragen stel-len.
- Doppelte Verneinungen wie „Sind Sie gegen die Abschaffung der Ziffernzeug-nisse?" sind zu vermeiden.
- Die Frage darf dem Befragten nicht eine bestimmte Antwort suggerieren.
- Unrealistische Formulierungen wie z. B. „niemals", „alle" oder „keiner" sind zu vermeiden.
- Wenn Antwortskalen wie „nie – selten – manchmal – häufig – immer" vorgege-ben werden, darf die Frage keinen dieser quantifizierenden Wörter enthalten. Falsch: „Es finden häufig Klassenkonferenzen statt."

Ist die Befragung abgeschlossen, werden die Daten mithilfe einer Statistiksoftware eingelesen und ausgewertet. Ziel ist es, die Datenmenge durch die Errechnung von *Häufigkeiten*, *Mittelwerten* und *Standardabweichungen* überschaubar und inter-pretierbar zu machen.

Ein besonderer Vorteil der Fragebogenmethode ist, dass die Erhebung Kosten spa-rend durchgeführt werden kann. Des Weiteren spricht für sie, dass die Befragungsperson mehr Zeit für die Beantwortung der Fragen hat. Von Nachteil ist zum einen, dass die Rücklaufquote häufig niedrig ausfällt, falls keine Nachfassaktionen stattfinden. Zum anderen besteht die Gefahr, dass in der Erhebungssituation andere Personen auf das Antwortverhalten des Befragten Einfluss nehmen.

Literatur

Kirchhoff, S./Kuhnt, S./Lipp, P./Schlawin, S.: Der Fragebogen. Datenbasis, Konstruktion und Auswertung. Opladen: Leske und Budrich 2001 (2. Aufl.).

Konrad, K.: Mündliche und schriftliche Befragung. Landau: Empirische Pädagogik 2001 (2. Aufl.).

Mayer, H.O.: Interview und schriftliche Befragung. München und Wien: Oldenbourg 2004.

Internetadressen

http://www.mypage.bluewin.ch/hoepf/fhtop/fhmethod1B.html

http://www.stangl-taller.at/ARBEITSBLAETTER/FORSCHUNGSMETHODEN/Fragebogen.shtml

Fremdevaluation

Selbstevaluation ist eine notwendige, aber keine hinreichende Bedingung für die Sicherung und Weiterentwicklung der Schulqualität. Die selbstkritische Bestandsaufnahme der einzelnen Schule muss ergänzt werden durch den kritischen Blick von außen. Er sorgt dafür, dass die Qualitätsanalyse nicht von selbstgefälligen Wirklichkeitskonstruktionen verzerrt wird. Dieser zweite Blick ist nicht als Kontrolle im traditionellen Sinne zu verstehen, sondern als Vergleich zweier Wahrnehmungen. Erst durch diesen Vergleich entsteht ein relativ objektives Bild von der *Schulqualität.*

In vielen Ländern ist deshalb eine externe Schulevaluation institutionalisiert worden, die meist unabhängig von der Schulaufsicht Schulen bewertet. Diese Fremdevaluation wird von professionellem Personal durchgeführt. Meist in Form von Teams besuchen die externen Evaluatoren die Schulen und evaluieren die pädagogische Arbeit auf der Basis gesetzter Maßstäbe. Diese pädagogische Wertanalyse basiert zum einen auf der Auswertung der Selbstevaluationsdaten der Schule, was auch als Meta-Evaluation bezeichnet wird. Zum anderen besteht sie aus Beobachtungen und Befragungen. Hierzu gehören der Besuch von Unterrichtsstunden, Interviews mit der Schulleitung, Dialog-Runden und Fragebogenaktionen mit Schülern und Eltern sowie ein *Schulrundgang.*

Am Beginn der externen Evaluation findet ein Vor-Ort-Gespräch statt, in dem erste Informationen ausgetauscht und erste Schritte vereinbart werden. Hierzu zählen die Auftragsklärung mit dem Kollegium, die Bildung einer Planungsgruppe, die Festlegung der Evaluationsbereiche und die Zusammenstellung der relevanten Schuldaten in einem *Schulportfolio.* Letzteres gibt dem Team einen ersten wichtigen Einblick in die zu bewertende Schule.

In der nächsten Phase des Prozesses der Fremdevaluation sichtet das externe *Evaluationsteam* die im Schulportfolio vorhandenen Daten und Informationen gründlich und kritisch. Diese Analyse wirft wichtige Fragen auf, die der Schule während des Evaluationsbesuchs gestellt werden müssen. Des Weiteren wird geklärt, wie evaluiert wird und welche Erhebungsinstrumente zum Einsatz kommen müssen. Alles zusammen wird in einem vorläufigen Evaluationsplan festgehalten.

Das *Evaluationsteam* trifft sich erneut mit der Schulleitung und der schulinternen Planungsgruppe. Jetzt wird der endgültige Evaluationsplan festgelegt, aus dem genau hervorgeht, wo wann welche Evaluationsaktivität stattfindet. Geklärt wird auch noch, wie die Evaluationsergebnisse der Schule vermittelt werden.

Ist alles geklärt, geplant und vorbereitet, führt das Evaluationsteam die Besuche, Beobachtungen und Befragungen durch. Mehrere Tage dauert diese externe Evaluation, an deren Ende eine größere Menge qualitativer und quantitativer Daten zusammen gekommen ist. Nächste Aufgabe des Teams ist es, diese Daten auszuwerten und eine fundierte Rückmeldung vorzubereiten. Das *Feedback* geschieht in Form einer Evaluationskonferenz mit dem Kollegium, in der beide Sichtweisen, die interne und die externe, nochmals miteinander verglichen werden. Will der abschließende externe *Evaluationsbericht* gerecht sein, muss er die Rückmeldungen der Schule integrieren.

Der schriftliche Evaluationsbericht wird nicht nur der Schule zugeleitet, sondern auch der Schulaufsicht, die die externe Qualitätsverantwortung innehat. In einer weiteren Dialog-Runde reflektiert die Schulaufsicht mit der Schule die Evaluationsergebnisse. Aufbauend darauf wird geklärt, wo was wann verändert werden muss. Hierüber wird zwischen den beiden Qualitäts-Partnern eine Zielvereinbarung getroffen. In der Zielvereinbarung ist auch genau festgelegt, wann ein Controlling der Qualitätsentwicklung stattfindet.

Stufen der Fremdevaluation

1. Vorbereitendes Gespräch mit der Schule
2. Auftragsklärung mit dem Kollegium
3. Vorbereitungsarbeiten an der Schule
4. Vorbereitung der externen Evaluation
5. Planungsgespräch mit der schulinternen Kontaktgruppe
6. Evaluationsbesuch
   - *Schulrundgang*
   - Unterrichtsbesuche
   - Evaluationsgespräche
7. Aufbereitung der Evaluationsdaten
8. Evaluationskonferenz mit der Schule
9. Schriftlicher Evaluationsbericht
10. Zielvereinbarungen mit der Schulaufsicht

Literatur

Bildungsdirektion des Kantons Zürich (Hrsg.): Verfahrensschritte der externen Schulevaluation. Zürich: Lehrmittelverlag des Kantons Zürich, 2001.

Landwehr, N./Steiner, P.: Grundlagen der externen Schulevaluation. Verfahrensschritte, Standards und Instrumente zur Evaluation des Qualitätsmanagements. Bern: hep verlag 2003 (2. Aufl.).

Internetadressen

http://www.fse.lu.ch
http://www.isb.bayern.de
http://www.ofsted.gov.uk

Fullcircle-Feedback (360°-Feedback)

Beurteilung einer Führungsperson durch Mitarbeiter, externe Kunden, Führungskollegen und Vorgesetzte. Sie wird meist mithilfe von Fragebögen durchgeführt. Aus den Ergebnissen werden Maßnahmen zur Verbesserung des Führungsverhaltens abgeleitet.

Gruppenbildung → Moderationsmethoden

Häufigkeit, absolute

Anzahl, in der ein bestimmter Wert vorkommt.

Häufigkeit, relative

Prozentualer Anteil der absoluten Häufigkeit an der Gesamtzahl.

Häufigkeitsverteilung

Stellt dar, wie häufig jeder einzelne mögliche Messwert innerhalb eines Datensatzes auftritt.

Histogramm

Darstellungsmöglichkeit für eine Häufigkeitsverteilung. Die Rohwerte werden in Klassen eingeteilt. Diese werden auf der x-Achse abgetragen, die absoluten Häufigkeiten auf der y-Achse in Form von Rechtecken, deren Fläche proportional der Häufigkeit ist.

Hypothesenbildung

Eine Hypothese ist eine Aussage, die eine noch nicht bestätigte Vermutung enthält. Diese muss empirisch überprüft werden. Am Beginn des empirischen Forschungsprozesses formuliert man eine Arbeitshypothese („Wenn Schüler systematisch Lerntechniken vermittelt bekommen, verbessern sich ihre Schulnoten") und eine Nullhypothese („Systematische Lerntechnikvermittlung bewirkt keine Verbesserung der Schulnoten"). Nun versucht man mit Hilfe der schließenden Statistik die Nullhypothese zu widerlegen. Hierzu kann man die Durchschnittsnote eines Schülerjahrgangs, der systematische Lerntechnikvermittlung erhielt, mit einer gleich zusammengesetzten Kontrollgruppe vergleichen. Ist der Notenmittelwert der ersten Gruppe überzufällig besser, kann konstatiert werden, dass das Lehren des Lernens die Schulleistungen fördert.

In der Schulevaluation sind Hypothesen Vermutungen über das Vorhandensein und den Ausprägungsgrad bestimmter Qualitätsmerkmale. Überprüft werden die Hypothesen durch quantitative (z. B. Fragebogenuntersuchung) und qualitative Erhebungsverfahren (z. B. *Dokumentenanalyse*), mit denen sich Qualitätsindikatoren erfassen lassen.

Hypothesen werden beispielsweise gebildet, wenn ein externes *Evaluationsteam* eine Schulqualitätsanalyse durchführen muss. Normalerweise erhält dieses zuvor ein Schulportfolio mit qualitätsrelevanten Daten. Bei der ersten Durchsicht entstehen Vermutungen über die Schulqualität, die beim Schulbesuch durch systematische Erkenntnisgewinnung genauer überprüft werden. Wenn zum Beispiel ein *Schulportfolio* kaum Hinweise auf Fachkonferenzen enthält, kann vermutet werden, dass die Fachschaftsarbeit vernachlässigt wird. Diese Hypothese wird beim Schulbesuch überprüft. Die Evaluatoren müssen nachfragen, wie häufig sich die Fachgruppen treffen, wie gründlich Fachthemen besprochen werden und welche Konsequenzen daraus für die fachliche Qualitätsentwicklung resultieren. Außerdem sind weitere Dokumente (z. B. Protokolle von Fachkonferenzen) einzufordern.

Literatur

Bortz, J./Döring, N.: Forschungsmethoden und Evaluation für Human- und Sozialwissenschaftler. Berlin, Heidelberg, New York: Springer 2002 (3. Aufl.).

Internetadressen

http://www.lrz-muenchen.de/~wlm/ein_voll.htm

IFS-Schulbarometer

Das IFS-Schulbarometer ist ein am Institut für Schulentwicklungsforschung (Universität Dortmund) entwickeltes und erprobtes Instrument zur Erfassung der

Schulwirklichkeit. Es bietet der einzelnen Schule die Möglichkeit, eine innerschulische Bestandsaufnahme verschiedener Schulaspekte aus Lehrer-, Schüler- und Elternsicht durchzuführen. Zusätzlich kann diese Bestandsaufnahme mit Daten aus einem repräsentativen Bundesdurchschnitt verglichen werden. Das IFS-Schulbarometer eignet sich zur Selbstevaluation von Schulen und als Impulsgeber für Schulentwicklung. Das Befragungsinstrument enthält einen:

- Lehrerteil (L)
- Schülerteil (S)
- Elternteil (E)

Die einzelnen Items sind als geschlossene Aussagen formuliert, die mit drei- bis sechsstufigen Skalen bewertet werden. Zusätzlich gibt es einige offene Fragen, die frei beantwortet werden können. Verschiedene Fragenbereiche ermöglichen Ist-Soll-Vergleiche, also eine Gegenüberstellung der gegenwärtigen Situation mit einer angestrebten Zielsituation. Darüber hinaus sind bei verschiedenen Frageblöcken direkte Vergleiche der Lehrer-, Schüler- und Elternperspektive möglich.

Das IFS-Schulbarometer muss nicht komplett eingesetzt werden. Es ist möglich, nur jene Fragebogenbereiche zu verwenden, die für die jeweilige Schule von besonderem Interesse sind. Es können auch Fragen verändert und neue Fragen formuliert werden. Diese Modifikationen sind leicht durchzuführen, da zusammen mit dem Fragebogen auch eine elektronische Version auf Diskette mitgeliefert wird.

Mit dem Kauf erwirbt die Schule das Recht, für ihre Zwecke mit dem Instrument frei umzugehen und eine erforderliche Anzahl von Kopien anzufertigen. Eine Weitergabe des Barometers an andere Schulen und Institutionen ist nicht gestattet.

Literatur

Institut für Schulentwicklungsforschung (Hrsg.): IFS-Schulbarometer. Ein mehrperspektivisches Instrument zur Erfassung von Schulwirklichkeit. Dortmund: IFS 2003 (8. Aufl.).

Internetadresse

http://www.ifs.uni-dortmund.de

IGLU

Ziel der Internationalen Grundschul-Lese-Untersuchung IGLU, die auch PIRLS (Progress in International Reading Literacy Study) genannt wird, war es, das Lesen am Ende des vierten Schuljahres zu überprüfen. Gesamtverantwortung für die Studie hatte die International Association for the Evaluation of Educational Achievement IEA. Insgesamt wurden im Mai 2001 rund 150000 Grundschülerinnen und Grundschüler in 35 Staaten untersucht. Um ein umfassenderes Bild der Lernentwicklung am Ende der Grundschulzeit zu erhalten, wurden in der nationalen Ergänzungsstudie IGLU-E in Deutschland auch die mathematisch-naturwissenschaftlichen Kompetenzen getestet.

In einer Zusatzerhebung wurden die Schülerinnen und Schüler über ihr Freizeit-
und Leseverhalten befragt. Auskunft über die schulischen und häuslichen Rahmenbedingungen gaben Schulleiter, Lehrer und Eltern.

Die Untersuchung fand im Mai 2001 statt, veröffentlicht wurden die Untersu-
chungsergebnisse 2003. Die getesteten deutschen Viertklässler belegten unter 35
Staaten den Rang 11 in der Lesekompetenz. In Sachkunde lagen sie ebenfalls im
oberen Drittel (Rang 6). Ihre Mathematik-Leistung war zwar etwas schlechter,
aber immer noch deutlich über dem Mittelwert (Rang 12).

Zentrales Ergebnis der Zusatzerhebung war, dass die soziale Herkunft einen
starken Einfluss auf den Schulerfolg hat. Fast die Hälfte aller deutschen Grundschülerinnen und Grundschüler erhält nach der vierten Klasse eine falsche Schul-
empfehlung.

Literatur

Bos, W./Lankes, E.M./Prenzel, M.: Erste Ergebnisse aus IGLU. Münster: Waxmann 2003.

Bos, W./Lankes, E.M./Prenzel, M.: IGLU. Einige Länder der Bundesrepublik Deutschland im
   nationalen und internationalen Vergleich. Münster: Waxmann 2004.

Internetadressen

http://www.erzwiss.uni-hamburg.de/IGLU/home.htm (12.6.2005)

Indikator

Ein Indikator (Anzeiger) lässt Rückschlüsse auf etwas zu, das nicht direkt
beobachtbar ist. Mit Hilfe von Indikatoren kann man feststellen, ob ein Qualitäts-
kriterium erreicht ist. Sie werden in Form von Qualitätsaussagen formuliert. Ein
Indikator für das Kriterium „Pflege der Außenbeziehungen" kann zum Beispiel
lauten: „Die Schule tauscht mit ihren Abnehmerschulen regelmäßig Erfahrungen
aus."

Für jedes Kriterium existiert ein Indikatorenuniversum bzw. eine Menge der mögli-
chen Indikatoren. Bei der Indikatorenbildung muss darauf geachtet werden, dass
die Indikatoren die Indikatorenmenge wirklich auch repräsentieren.

Ob ein Indikator vorhanden ist bzw. wie er ausgeprägt ist, muss durch *Evaluation*
geklärt werden. Hierzu eignen sich sowohl quantitative Verfahren wie Fremd- und
Selbsteinschätzungsbögen als auch qualitative Verfahren wie *Leitfadeninnterview,*
Dokumentenanalyse oder kriteriengeleitete *Beobachtung.*

Die Indikatorenbildung soll verhindern, dass Schulqualität intuitiv erfasst wird.

Literatur

Bortz, J./Döring, N.: Forschungsmethoden und Evaluation für Human- und Sozialwissenschaftler. Berlin, Heidelberg, New York: Springer 2002 (3. Aufl.).

Schnell, R./Hill, P.B./Esser, E.: Methoden der empirischen Sozialforschung. München und Wien: Oldenbourg 1999 (6. Aufl.).

Internetadresse

http://psydok.sulb.uni-saarland.de/volltexte/2004/268/html/node30.html

Individualfeedback

Feedback an eine Einzelperson, wie sie von anderen wahrgenommen wird. Im schulischen Bereich darf das Individualfeedback nicht verwechselt werden mit der Selbst- und Fremdevaluation der Einzelschule. Es dient primär der Reflexion und Weiterentwicklung des persönlichen Handelns.

Inhaltsanalyse → Dokumentenanalyse

Innovation

Innovation heißt Erneuerung beziehungsweise Einführung von etwas Neuem. Voraussetzung für Innovation ist Kreativität, also die Produktion einer neuen Idee. Innovation ist die Umsetzung und Anwendung dieser Idee.

Innovationen verbreiten sich nicht sofort, sondern schrittweise. Vor allem am Beginn ist der Diffusionsprozess auf experimentierfreudige Schlüsselpersonen angewiesen. Man unterscheidet folgende Diffusionsstadien:

Stadium 1:	Neuerer
Stadium 2:	frühe Abnehmer
Stadium 3:	frühe Mehrheit
Stadium 4:	späte Mehrheit
Stadium 5:	Zauderer

Der rasche externe Wandel zwingt Organisationen und Personen zu Innovationen. Die Innovations- und Entwicklungsfähigkeit entscheidet über das Schritthalten mit diesem Wandel. Diese Erkenntnis gilt auch für Schulen. Mit schulischer Innovation sind alle Neuerungen gemeint, die das Lehren und Lernen, die Erziehung, die Organisation sowie die Kommunikation und Kooperation verbessern und die Schule an gesellschaftliche, kulturelle und technische Entwicklungen anpassen. Solche Innovationen können schulintern als innere Schulentwicklung, aber auch schulextern als äußere Schulreform (z.B. Lehrplanänderung, schulorganisatorische Umstrukturierung) in Gang gesetzt werden.

Aufgrund von Analysen im Rahmen des Wettbewerbs "Innovative Schulen" wurden folgende Merkmale sichtbar (Bertelsmann Stiftung 1996, S. 20):

- gemeinsames pädagogisches Konzept
- regelmäßige Reflexion der pädagogischen Arbeit
- regelmäßige Klima-Analyse
- extensive Nutzung der vorhandenen Freiräume
- dialogisches Verhältnis zur Schulaufsicht
- Offenheit gegenüber dem Umfeld
- Einbeziehung von Schülerbedürfnissen
- methodische Experimentierfreude
- technisch gestütztes Schulmanagement
- intensive kollegiale Kommunikation und Kooperation
- moderne Personalführung
- kooperative, zielklare und delegationsbereite Schulleitung
- Einbeziehung der Eltern
- Selbstevaluation.

Die meisten der innovativen Schulen haben diesen Zustand erst nach langjähriger Entwicklungsarbeit erreicht. Fast alle haben sich aus einer Problemsituation (Leidensdruck) auf den Entwicklungsweg begeben. Gleichzeitig hat es eine deutliche Bewegung vom Einzelkämpfertum zur Teamarbeit gegeben. Die eigentliche innovatorische Arbeit basierte auf einer kritischen Analyse, der sich der Entwurf und die Umsetzung eines konsensuell entwickelten Änderungskonzepts anschlossen. Die Innovationsarbeit verlief nicht überall auf einem gleich hohen Aktivitätsniveau, sondern es kam zu Ermüdungserscheinungen, die durch ein starkes Selbstbewusstsein und Selbstmotivation wieder überwunden werden konnten.

Eine wichtige Rolle im schulischen Innovationsprozess, so eine Grunderkenntnis fast aller Schulqualitätsstudien, spielt die Schulleitung. Ohne sie haben Veränderungen kaum eine Chance. Ihre innovatorischen Beiträge bestehen vor allem darin, mit dem Kollegium die pädagogische Arbeit zu reflektieren, lernträchtige Fragen zu stellen, Gestaltungsspielräume zu eröffnen, Schätze zu suchen, Veränderungsaktivitäten zu würdigen und Visionen zu formulieren. Kurz und gut: Die Schulleitung kann Innovationen nicht verordnen, aber ermöglichen!

Innovative Impulse können auch von unten kommen - von Lehrern, Eltern oder Schülern. Ein einzelner Lehrer erprobt neue Unterrichtsformen, macht damit wertvolle Erfahrungen und versucht die Innovation in der Schule zu multiplizieren. Der Elternbeirat möchte das Sozialverhalten der Schüler fördern und regt die Ausbildung von Schüler-Konfliktlotsen an. Die SMV führt eine „Kundenbefragung" durch, wertet diese aus und präsentiert dem Lehrerkollegium Meinungen, Beurteilungen und Änderungswünsche.

Obwohl das Innovieren, wie oben bereits dargelegt, aufgrund des äußeren Wandels selbstverständlich sein sollte, gestalten sich Schulentwicklungsprozesse als schwierig. Zum einen gibt es Lehrer, die sich vom Wandel positiv herausgefordert fühlen und vorhandene Gestaltungsspielräume aktiv nutzen. Zum anderen reagieren in jeder Schule einzelne Lehrer und Teilgruppen des Kollegiums auf Innovationsideen mit *Widerstand*. Sie haben Angst vor dem Verlust gewohnter Repertoires und Routinen, sie fürchten sich vor steigendem Zeitaufwand und sehen die Freiheit des Einzelkämpfers bedroht.

Das Innovieren ist nicht nur eine Aufgabe der Einzelschule als System, sondern auch des einzelnen Lehrers. Es gehört zu den Kernaufgaben der Lehrertätigkeit, wie sie vom Deutschen Bildungsrat (1970, S. 217 ff.) beschrieben worden sind. Demnach besteht die tägliche pädagogische Arbeit aus:

- Lehren
- Erziehen
- Beurteilen
- Beraten
- Innovieren.

Schönknecht (1997) hat in einer Untersuchung mit innovativen Lehrerinnen und Lehrern herausgearbeitet, wodurch innovatives Lehrerverhalten gefördert und gehemmt wird. An innavationsförderlichen Faktoren nannten die Befragten die positive Resonanz der Kinder, die als spannend erlebte pädagogische Arbeit, die Gestaltungsfreiheit im Klassenzimmer, die Kommunikation und Kooperation mit Gleichgesinnten, die Lehrerfortbildung, den Dialog mit den Eltern sowie die persönliche und die fachliche Bestätigung. Als hemmende Faktoren wurden bezeichnet hierarchische Zwänge, bürokratische Denkweisen, mangelnde Dialogkultur, große und schwierige Klassen, Isolation und Unverständnis im Kollegium sowie mangelnde Anerkennung und Wertschätzung. Berufsbiographisch betrachtet, sind Schlüsselpersonen in der Lehrerausbildung und von ihnen vertretene pädagogische Konzepte sowie Schlüsselerlebnisse (z. B. negative Reaktion der Kinder auf traditionelle Unterrichtsformen) für eine innovative Entwicklung besonders prägend.

Schulische Innovationen machen letzten Endes nur Sinn, wenn dadurch auch die Lehr- und Lernqualität sowie das Schulklima verbessert werden. Das heißt: keine Innovation ohne *Evaluation*. Diesem Postulat entsprechend müssen die am Innovationsprozess Beteiligten innehalten und gemeinsam reflektieren und überprüfen, ob die Schulentwicklung tatsächlich auch eine Qualitätsentwicklung ist.

Literatur

Bertelsmann Stiftung (Hrsg.): Schule neu gestalten. Dokumentation zum Sonderpreis „Innovative Schulen". Gütersloh: Verlag Bertelsmann Stiftung 1996.

Deutscher Bildungsrat: Empfehlungen der Bildungskommission. Strukturplan für das Bildungswesen. Stuttgart: Klett 1970.

Schönknecht, G.: Innovative Lehrerinnen und Lehrer. Berufliche Entwicklung. Weinheim: Deutscher Studien Verlag 1997.

Internetadressen

http://www.clubofrome.de/schulen/konzept.html

http://www.netzwerk-innovativer-schulen.de

Interview

Das Interview ist ein Befragungsgespräch zwischen einem Interviewer und einer Befragungsperson, um Daten und Informationen zu erhalten. Es „knüpft an die alltägliche Situation des Fragenstellens und Sich-Informierens im Gespräch an, ist aber gleichwohl eine künstliche, asymmetrische Interaktion unter Fremden …" (Diekmann 2003, S. 375). Es kann als Königsweg der Sozialforschung bezeichnet werden. In der Schulevaluation wird es sowohl in der Planungsphase als auch während der eigentlichen Evaluation häufig angewandt.

Das Interview führt entweder eine einzelne Person durch oder ein Interviewer-Tandem. Für das Gespräch sind drei Interviewvarianten möglich. Die erste Variante nennt man standardisiertes Interview. Wer standardisiert interviewt, muss sich an den Wortlaut und die Abfolge der formulierten Fragen genau halten. Die zweite Variante ist das halbstandardisierte Interview, das auch als Leitfadeninterview bezeichnet wird. Der Interviewer hat einen Fragerahmen zur Hand, mit dem er das Gespräch führt. Im Gegensatz zum voll standardisierten Interview ist er offen genug, um detailliert nachzufragen oder auf Fragen der Interviewperson einzugehen. Beim nicht standardisierten Interview orientiert sich der Interviewer lediglich an Aspekten und Themen. Wie die Fragen formuliert werden und in welcher Reihenfolge sie gestellt werden, bestimmt er selbst.

Die Daten können dokumentiert werden durch ein Stichwortprotokoll, ein anschließendes Gedächtnisprotokoll oder eine Tonbandaufzeichnung. Am häufigsten angewandt wird das Stichwortprotokoll.

Die Qualität eines Interviews hängt ganz entscheidend von der Gesprächsführung des Interviewers ab. Er muss am Interviewbeginn eine förderliche Gesprächsatmosphäre herstellen und eine Eis brechende Eröffnungsfrage stellen. Er stellt einfache, kurze und konkrete Fragen. Er vermeidet Antwort lenkende Suggestivfragen, mehrdeutige Fragen und doppelte Verneinungen. Und er lässt sich vom Befragten nicht zum Diskutieren verleiten.

Des Weiteren erkennt man den guten Interviewer daran, dass er aufmerksam zuhört, angemessen reagiert und seinen Auftrag zielorientiert umsetzt. Er muss sein sprachliches und nichtsprachliches Verhalten (z. B. Mimik) so steuern, dass die Antworten der Befragungsperson durch seine eigenen Meinungen und Überzeugungen nicht beeinflusst werden.

Prozessbegleiter und externe Evaluatoren bedürfen vor ihrem ersten Interviewkontakt eines Interviewertrainings. Während dieser Schulung lernen sie, Leitfäden richtig zu handhaben, auf die Befragungsperson einzugehen, Antworten rationell zu dokumentieren und Interviewfehler zu vermeiden.

Der besondere Vorteil der Interviewmethode ist, dass der Interviewer insbesondere bei weniger standardisierten Interviewformen detailliert nachfragen und auf die Meinungen, Einstellungen und Überzeugungen des Befragten intensiv eingehen kann. Nachteilig ist, dass Interviews einen hohen Protokollierungs- und Auswertungsaufwand erfordern und das Antwortverhalten anfälliger ist für Einflüsse der fragenden Person.

Literatur

Diekmann, A.: Empirische Sozialforschung. Grundlagen, Methoden, Anwendungen. Reinbek bei Hamburg: Rowohlt 2003 (10. Aufl.).

Konrad, K.: Mündliche und schriftliche Befragung. Landau: Empirische Pädagogik 2001 (2. Aufl.).

Mayer, H.O.: Interview und schriftliche Befragung. Entwicklung, Durchführung und Auswertung. München und Wien: Oldenbourg 2004 (2. Aufl.).

Internetadressen

http://www.stangl-taller.at/ARBEITSBLAETTER/FORSCHUNGSMETHODEN/Interview.shtml
http://de.wikipedia.org/wiki/Interview

Intervision

Es handelt sich um ein Verfahren der kollegialen Beratung und Unterstützung in sozialen und pädagogischen Berufen. Bisweilen spricht man auch von *Supervision* ohne Supervisor.

Ziel der Intervision ist die gemeinsame Bearbeitung und Lösung beruflicher Probleme. Sie findet in einer Gruppe statt, der maximal zehn Personen angehören und die sich regelmäßig in dieser Formation trifft.

Eine Intervisionssitzung dauert durchschnittlich zwei Stunden und wird von einem Gruppenmitglied geleitet. Die leitende Person achtet darauf, dass Grundregeln der Kommunikation (z. B. Zuhören, Fairness) und die folgenden Arbeitsstufen der Intervision eingehalten werden:

1. Ein Gruppenmitglied erklärt sich bereit, die Intervisionssitzung zu moderieren.
2. Jedes Gruppenmitglied darf in ein paar kurzen Sätzen ein Praxisproblem nennen.
3. Die Gruppe entscheidet sich für ein Problem.
4. Der Fallerzähler schildert das Problem und formuliert eine Schlüsselfrage.
5. Jedes Gruppenmitglied kann Verständnisfragen stellen sowie Wahrnehmungen und Gefühle mitteilen.
6. Es werden Lösungsideen beziehungsweise Antworten auf die Frage des Fallerzählers gesammelt.
7. Der Fallerzähler teilt mit, welche Lösungsideen für ihn brauchbar sind.

Bei der Einrichtung von Intervisionsgruppen sollte man sich von einer externen Fachperson beraten und anleiten lassen. Erst dann darf die selbst organisierte Fallbesprechung beginnen. Sehr zu empfehlen ist es, wenn die Gruppe mit dieser

Person in größeren Intervallen ihre Kommunikation und Kooperation reflektiert. Schließlich ist auch zu beachten, dass die Intervision für die Klärung von Teamkonflikten nicht geeignet ist.

Literatur

Ehinger, W./Hennig, C.: Praxis der Lehrersupervision. Leitfaden für Lehrergruppen mit und ohne Supervisor. Weinheim und Basel: Beltz 1997 (2. Aufl.).

Hendriksen, J.: Intervision. Kollegiale Beratung in Sozialer Arbeit und Schule. Weinheim und Basel: Beltz 2000.

Tietze, K.O.: Kollegiale Beratung. Reinbek bei Hamburg: Rowohlt 2003.

Internetadressen

http://www.kollegiale-beratung.de

http://paedagogik.homepage.t-online.de/ko_berat.htm

ISO

Das Kürzel ISO steht für „Internationale Standard Organisation". Ihr gehören die nationalen Normungsorganisationen von über 150 Ländern an. Sie ist weltweit für die Angleichung von Normen und für die Qualitätssicherung zuständig. Die Normenreihe ISO 9000-2000, die aus den Normen DIN EN ISO 9000, 9001 und 9004 besteht, legt Qualitätsmanagementsysteme dar. Die Norm DIN EN ISO 9000 führt in die Grundlagen des Qualitätsmanagements ein. Die Norm DIN EN ISO 9001 beschreibt die Forderungen, die an ein Qualitätsmanagementsystem zu stellen sind und zeigt auf, wie man es aufbaut und weiterentwickelt. Die Norm DIN EN ISO 9004 gibt Empfehlungen bzw. Anregungen zur Einführung und zur Verbesserung von QM-Systemen.

Der Grundgedanke von DIN EN ISO 9000ff. ist, dass man Standards bestimmen muss, die gute Dienstleistungen garantieren. Wenn man diese Standards tatsächlich auch einhält, müsste dies an der Dienstleistungsqualität erkennbar sein. Aus diesem Grundgedanken erfolgte die Definition von 20 Qualitätsmanagementelementen (z.B. Verantwortung der obersten Leitung). Diese Standards helfen der Organisation, ihre Qualität zu definieren, zu bewerten und nachzuweisen.

DIN EN ISO 9000ff. ist ein Hilfsmittel, das von der Organisation in praxisnahe Standards bzw. in ein internes Qualitätsmanagementsystem transformiert werden muss. Dieses System ermöglicht es der Organisation, alle relevanten Qualitätsbereiche systematisch zu bewerten und zu verbessern. Ob die interne Qualitätsentwicklung den Anforderungen von ISO entspricht, lässt sich mit Hilfe eines Zertifizierungsverfahrens klären.

Wenn eine Schule ein an ISO orientiertes Qualitätsmanagementsystem einführen möchte, sind die Vermittlung von Grundinformationen, der Dialog über das Projekt und die Schulung von Schlüsselpersonen erste wichtige Schritte. Ist sowohl in der Schulleitung als auch im Kollegium ein Qualitätsbewusstsein entstanden, beginnt der Aufbau des Qualitätsmanagementsystem. Dieses wird realisiert durch Aktionen wie:

- Einrichtung einer Qualitätsprojektgruppe
- Klärung der Verantwortlichkeiten
- Erstellung eines *Qualitätshandbuches*
- Erstellung von Verfahrens- und Arbeitsanweisungen
- Durchführung von internen *Audits*
- Initiierung von Verbesserungsmaßnahmen.

Die Schule kann ihr Qualitätsmanagementsystem von einer externen akkreditierten Organisation zertifizieren lassen. Diese benötigt vor dem Audit qualitätsrelevante Unterlagen (z. B. Qualitätshandbuch). Möglicherweise ist es sinnvoll, vorher ein Vor-Audit durchzuführen. Mit Hilfe des Vor-Audits kann die Frage beantwortet werden, ob das Qualitätsmanagementsystem der Schule für das Erst-Audit ausreichend vorbereitet ist.

Literatur

Brauer, J. P./Kühne, E.U.: DIN EN ISO 9000-9004 umsetzen. Gestaltungshilfen zum Aufbau ihres Qualitätsmanagementsystems. München: Hanser 2002
DIN (Hrsg.): Der Weg von DIN EN ISO 9000 ff. zu Total Quality Management. Berlin: Beuth 2002 (2. Aufl.).

Internetadressen

http://www2.din.de
http://www.quality.de

Item

Eine Aufgabe in einem Test oder eine Frage in einem Fragebogen. Entweder wird das Item aus einem bereits existierenden Instrument übernommen oder neu konstruiert.

Kartenabfrage → Moderationsmethoden

Kennzahlen

Quantitative Informationen mit besonderer Aussagekraft (z. B. Schülerzahl pro Schuljahr, Klassengröße, Vergleichsarbeitsergebnisse) für das Qualitätsgeschehen. Sie dienen dazu, Ist-Soll-Abweichungen zu erkennen und Steuerungsmaßnahmen rechtzeitig durchzuführen. Kennzahlen von besonderer Bedeutung lassen sich in einer *Balanced Scorecard* (Kennzahlentafel) übersichtlich zusammenfassen.

Kerncurriculum

Um die Vergleichbarkeit der Bildungsabschlüsse zu gewährleisten, muss ein Teil des Lehrplans für alle Schulen einer Schulart verbindlich sein. Dieser umfasst etwa zwei Drittel der Inhalte, die normalerweise in Form von *Bildungsstandards* formuliert sind. Die *Vergleichsarbeiten* orientieren sich am Kerncurriculum.

Klassenklima

Das Klassenklima ist die subjektiv wahrgenommne Grundstimmung einer Schulklasse. Es resultiert aus der Qualität der Schüler-Schüler- und der Lehrer-Schüler-Beziehungen. Die Klimata der verschiedenen Schulklassen generieren die Großwetterlage einer Schule, die auch als *Schulklima* bezeichnet wird.

Vom Klassenklima hängt ganz entscheidend ab, wie wohl sich eine Schülerin oder ein Schüler in der Schule insgesamt fühlt. Und das Wohlbefinden wiederum beeinflusst ihre Lern- und Verhaltensentwicklung.

Nach Satow (1999) sind Hauptmerkmale eines guten Klassenklimas individualisierte Lehrer-Schüler-Beziehungen und unterstützende Schüler-Schüler-Beziehungen. Individualisierte Lehrer-Schüler-Beziehung heißt, dass sich die Lehrperson bei der Leistungskommentierung an den individuellen Lernfortschritten des einzelnen Schüler orientiert und Fürsorglichkeit praktiziert. Unterstützende Schüler-Schülerbeziehung meint, dass die Schülerinnen und Schüler hilfsbereit sind, aufeinander Rücksicht nehmen und sich füreinander verantwortlich fühlen.

Ein gutes Klassenklima entsteht selten autonom. Ganz entscheidend hängt es von den sozialerzieherischen Bemühungen des Klassenlehrers, des Klassen-Lehrerteams und dem sozialen Ethos der Schule ab. Eine führende Rolle bei der Klimaförderung hat der Klassenlehrer. Er hat eine primäre Qualitätsverantwortung für das Wohlbefinden der Schülerinnen und Schüler.

Für die Klimaförderung auf Klassenebene ist ein pädagogisches Konzept vonnöten, das der Klassenlehrer möglichst am Schuljahresbeginn mit seinem Klassen-Lehrerteam konsensuell erarbeiten sollte. Grundsätze eines solchen Konzepts können sein, dass

- positive Umgangsformen aktiv eingefordert werden
- alle darauf achten, dass niemand ausgegrenzt wird
- im Falle von physischer und psychischer Gewalt konsequent reagiert wird
- aktuelle Konflikte aufgearbeitet werden
- zusammen mit allen Schülerinnen und Schülern ein Klassenkodex entwickelt wird
- auf der Basis des Klassenkodexes Verhaltensbilanzen durchgeführt werden
- immer wieder Klassengespräche stattfinden

- die Eltern am Elternabend über die Klassenentwicklung und das Klassenklima informiert werden

- die Eltern um Mitarbeit bei der Förderung des Sozialverhaltens gebeten werden.

Die Wirksamkeit der Klimaförderung kann deutlich gesteigert werden, wenn zuerst eine Ist- und Soll-Analyse zusammen mit der Klasse vorgenommen wird. Mitschka (1997) schlägt hierzu die Durchführung einer anonymen Befragung vor, die sich auf folgende Fragen (leicht modifiziert) konzentrieren sollte:

1. Das ist in unserer Klasse gut.
2. Das ist derzeit das Kernproblem in unserer Klasse.
3. Was können die Lehrer zur Lösung des Problems beitragen?
4. Was können die Eltern tun?
5. Was kann ich, was können wir tun?

Die Ergebnisse dieser Befragung werden zunächst einmal in einer pädagogischen Konferenz besprochen und interpretiert. Die nächsten Schritte zur Problemlösung könnten so aussehen:

Modell A: Die Lehrpersonen einigen sich in derselben pädagogischen Konferenz unter starker Berücksichtigung der Schülervorschläge auf Lösungsbeiträge. Die Schülerinnen und Schüler stimmen in einer Schülerkonferenz unter Moderation des Klassenlehrers ab, welche Lösungsideen sie verwirklichen möchten. Und die Eltern entscheiden auf einem Elternabend darüber, wie sie sich an der Problemlösung beteiligen, wobei auch sie sich an den Vorschlägen der Schülerinnen und Schüler beteiligen sollten.

Modell B: Es findet eine Lehrer-Schüler-Eltern-Konferenz statt, die vom Klassenlehrer moderiert wird. Am Konferenzbeginn schildert er nochmals kurz die Klassenproblematik. Dann präsentiert er die Befragungsergebnisse, und zwar möglichst in prägnanter Form auf Postern. Im Gefolge davon werden die Ergebnisse reflektiert. Entweder durch Vergabe von Klebepunkten oder durch Abstimmung mit dem Stimmzettel, auf den jeder die beste Lösungsidee schreibt, wird ein *Maßnahmenplan* vereinbart. Aus diesem muss klar hervorgehen, wer (Lehrer, Eltern, Schüler) was wann tut. Die Änderungsziele üben mehr Zugkraft aus, wenn sie in Form einer schriftlichen Vereinbarung (Kontrakt) festgehalten werden.

Egal, ob die Problemlösung nach dem Modell A oder nach dem Modell B angepackt wird, sie sollte zu einem späteren Zeitpunkt erfolgskontrolliert werden. Das heißt, dass die Frage beantwortet wird, ob die vereinbarten Maßnahmen zu einer Verbesserung des Klassenklimas und des Klassenverhaltens geführt haben. Gegebenenfalls muss der Maßnahmenplan nochmals geändert werden.

Literatur

Hatto, C.: Das Klassenklima fördern. Berlin: Cornelsen Scriptor 2003.

Keller, G./Hafner, K.: Soziales Lernen will gelernt sein. Lehrer fördern Sozialverhalten. Donauwörth: Auer 2003 (2. Aufl.).

Mitschka, R.: Die Klasse als Team. Ein Wegweiser zum Sozialen Lernen in der Sekundarstufe. Linz: Veritas 1997.

Satow, L.: Klassenklima und Selbstwirksamkeitsentwicklung. Eine Längsschnittstudie in der Sekundarstufe I. Dissertation am Fachbereich Erziehungswissenschaft und Psychologie der Freien Universität Berlin 1999.

Internetadresse

http://www.qis.at

Kollegiale Evaluation → Peer Review

Kollegiale Kommunikation → Kommunikationsentwicklung

Kollegiale Kooperation → Kommunikationsentwicklung

Kommunikationsentwicklung

Jede Schule sollte von Zeit zu Zeit (etwa alle fünf Jahre) eine Ist-Analyse ihrer kollegialen Kommunikation und Kooperation durchführen und darauf aufbauend überlegen, wie sie weiterentwickelt werden kann. Diese Maßnahme, die in der Regel von einer externen Fachperson (Schulberater, Schulpsychologe) begleitet wird, erfolgt meist im Kontext einer inneren Schulentwicklung.

Da die Einschätzungen der Kollegiumsmitglieder oft impliziter Art sind, müssen sie zunächst explizit gemacht werden. Hierzu bietet sich eine Stärken-Schwächen-Analyse an, die folgendermaßen ablaufen kann:

Das Kollegium teilt sich in Gruppen auf und bearbeitet zwei Leitfragen:

- Was sind die Stärken unserer Kommunikation und Kooperation?
- Wo liegen die Schwächen unserer Kommunikation und Kooperation?

Die Ergebnisse werden auf Postern fixiert. Im Plenum werden die Gruppenarbeitsergebnisse ausgetauscht und zu einer Bestandsaufnahme zusammengefügt.

In einer weiteren Gruppenarbeitsphase wird gemeinsam überlegt, wie die kollegiale Kommunikation und Kooperation weiterentwickelt werden können. Hierzu sammeln die Kolleginnen und Kollegen Änderungsideen und stellen sie visuell dar. Diese werden im Plenum vorgestellt, nach ihrer Realisierbarkeit bewertet und in ein Änderungsprogramm integriert. Abschließend werden Zielvereinbarungen getroffen, und es wird geklärt, wer was wann tut.

Der Ist-Analyse und Änderungsplanung muss die Realisierung folgen. Konkret bedeutet dies, dass die vereinbarten Änderungsziele in die tägliche Kommunikation und Kooperation umgesetzt werden. Entscheidend gefördert wird die Verwirklichung durch die Einrichtung einer *Steuergruppe* und durch regelmäßige Bilanzen in den Konferenzen.

Spätestens nach einem halben Schuljahr ist eine erste Zwischenbilanz fällig. Diese sollte von der externen Begleitperson moderiert werden. In der Bilanzsitzung wird gemeinsam erörtert, welche Ziele verwirklicht werden konnten und welche nicht, warum es zu Schwierigkeiten gekommen ist und wie es allen am Änderungsprozess Beteiligten geht. Gegebenenfalls muss das Änderungsprogramm modifiziert werden.

Wenn sich ein Kollegium mit sich selbst beschäftigt, heißt dies nicht, dass daraus eine unendliche Selbstanalyse werden muss. Dies wäre für eine Schulseele zu viel des Guten. Aus einer heilsamen Selbstzentrierung kann irgendwann eine krankmachende werden. Kommunikationsentwicklung ist eine zeitlich begrenzte Maßnahme, die kollegiale Beziehungen so verändert, dass sich in diesem Klima angenehmer und wirksamer arbeiten lässt. Auf einer guten Beziehungsebene lässt sich auch die pädagogische Arbeit leichter verwirklichen.

Kollegiale Kommunikationsentwicklung dient auch der Vorbeugung und Verarbeitung von Lehrerstress. Viele Stressstudien haben gezeigt, dass ein gutes seelisch-soziales Stützsystem und ein Netzwerk von vertrauensvollen Beziehungen ein wichtiger Stress-Schutzfaktor ist.

Literatur

Keller, G.: Wir entwickeln unsere Schule weiter. Ein Praxisleitfaden für die Innere Schulentwicklung. Donauwörth: Auer 1997.

Miller, R.: Sich in der Schule wohlfühlen. Wege für Lehrerinnen und Lehrer zur Entlastung im Schulalltag. Weinheim und Basel: Beltz 2000.

Internet-Adressen

http://www.ifs.uni-dortmund.de
http://www.qis.at
http://www.stiftung.bertelsmann.de

Kommunikative Validierung

Gütekriterium für qualitative Evaluationsmethoden. Die Evaluationsergebnisse werden an die Evaluationsteilnehmer zurückgespiegelt. Dadurch kann sich der Evaluator vergewissern, ob er mit seiner Analyse richtig liegt. Führt die gemeinsame Ergebnisschau zu einer Übereinstimmung, kann davon ausgegangen werden, dass die Analyse gültig ist.

Konferenzkultur

Viele schulische Konferenzen finden immer noch im klassischen Stil der leiterzentrierten Kommunikation statt. Der Konferenzleiter hat einen relativ hohen Gesprächsanteil und verwendet viel Zeit auf die Weitergabe von Informationen. Die Beteiligung der Teilnehmerinnen und Teilnehmer besteht vor allem aus Diskussionsbeiträgen einzelner Meinungsführer. In eine Metapher umgesetzt kann man auch sagen: Es gibt wenige Redelöwen und viele Gazellen.

In Bestandsaufnahmen, die bisher im Kontext schulischer Entwicklungsprozesse angefertigt worden sind, tritt dieses Defizit deutlich zutage (Keller 2002). Die betroffenen Lehrerinnen und Lehrer fühlen sich zu wenig an der Konferenzkommunikation beteiligt. Sie vermissen eine teilnehmerzentrierte Kommunikationsform vor allem dann, wenn die Bearbeitung und Lösung aktueller Probleme auf der Tagesordnung stehen.

In den Soll-Analysen, die in der inneren Schulentwicklung stattfinden, wird der Wunsch nach einer neuen Besprechungskultur immer wieder deutlich zum Ausdruck gebracht. Die Betroffenen möchten vor allem an der Analyse und Lösung von Problemen aktiv beteiligt werden. Sie wünschen sich einen Konferenzleiter, der nicht frontal, sondern teilnehmerzentriert moderiert. Konkret heißt dies:

● das Kollegium in die Vorbereitung von Konferenzen einbinden

● auf Zeitökonomie und die Einhaltung von Zeitgrenzen achten

● möglichst viele Tagesordnungspunkte delegieren

● möglichst wenige Informationen mündlich weitergeben, möglichst viele schriftlich (Tischvorlagen, schulinternes Infoblatt, leserfreundlich gestaltete Infoecke)

● *Moderationsmethoden* anwenden – Beispiel: Klagen über zunehmende Gewalt auf dem Pausenhof: Problemsammlung (Kartenabfrage) > Problemspeicher > Maßnahmenplanung > Zielvereinbarungen > Erfolgskontrolle zu einem späteren Zeitpunkt

● in größeren Kollegien Themen in selbst moderierten Kleingruppen bearbeiten lassen mit anschließender Ergebnispräsentation und Ergebnisintegration im Plenum

● Wesentliches prägnant visualisieren

● für die Verbindlichkeit beschlossener Maßnahmen und Entscheidungen sorgen

● die Umsetzung von Maßnahmen erfolgskontrollieren.

Eine Veränderung der schulischen Besprechungskultur ist ein längerer Prozess. Er kann nur gelingen, wenn die Führungspersonen mitarbeiterzentriert denken lernen, das Handwerk der *Moderation* erlernen und sich in der Änderungsphase nötigenfalls von einer externen Fachperson coachen lassen.

Literatur

Gäde, E.G./Listing, S.: Sitzungen effektiv leiten und kreativ gestalten. Mainz: Grünewald 2001 (4. Aufl.).

Keller, G.: Qualitätsentwicklung in der Schule. Ziele, Methoden, kleine Schritte. Heidelberg und Kröning: Asanger 2002.

Pullig, K.K.: Konferenzleitung in der Schule. Band 14 aus der Reihe Schulleitungsfortbildung NRW. Soest: Landesinstitut für Schule 2004.

Internetadresse

http://www.learn-line.nrw.de/angebote/schulleitungnrw/materialien/konferenzen/

Kontingentstundentafel

Die Kontingentstundentafel legt für jede Schulart lediglich fest, wie viele Jahreswochenstunden insgesamt bis zum Abschluss des Bildungsgangs erteilt werden müssen. Die Verteilung dieser Jahreswochenstunden auf die einzelnen Klassenstufen darf die Schule vor dem Hintergrund ihres *pädagogischen Konzepts* selbst bestimmen. Somit erhält die Einzelschule mehr Gestaltungsspielraum.

Kontraktmanagement

Unter Kontraktmanagement versteht man die ergebnisorientierte *Steuerung* durch Zielvereinbarungen beziehungsweise Absprachen über zu erbringende Leistungen. Man kann diese Absprachen auch als Leistungsvereinbarungen bezeichnen, die allerdings nicht den Charakter von rechtlichen Verträgen haben.

Leistungsvereinbarungen sind möglich zwischen Politik und Verwaltung, zwischen Verwaltungen, zwischen Verwaltungsspitze und Fachabteilungen sowie zwischen Vorgesetzten und Mitarbeitern.

Obwohl das Kontraktmanagement im Neuen Steuerungsmodell als zentrales Steuerungs- und Planungsinstrument bezeichnet wird, ist die bisherige Erfahrungsbasis gering. Großenteils handelt es sich um Erkenntnisse aus Modellversuchen.

Zielvereinbarungen (Kontrakte) sind

- verbindliche Absprachen zwischen zwei Kontraktpartnern
- für einen bestimmten Zeitraum
- unter Voraussetzung spezieller Ressourcen
- über zu erzielende Ergebnisse
- mit einem abschließenden Controlling.

Gleichzeitig mit der Zielvereinbarung wird ein Teil der Verantwortung auf eine nachgeordnete Organisation oder Person im gegenseitigen Vertrauen übertragen. Auf der Basis dieses Vertrauens verzichtet die übergeordnete Organisation oder Person auf die Umsetzungskontrolle. Sie gewährt dem Kontraktpartner operative

Freiheit und vertraut auf seine Motivation, seine Eigenständigkeit und seine Fähigkeit.

Das Kontraktmanagement gelingt nur, wenn man die zu erreichenden Leistungsziele hinsichtlich der Qualität, der Quantität und der Zeit

- dialogisch erarbeitet
- realistisch formuliert
- genau operationalisiert
- schriftlich fixiert.

In der schriftlichen Vereinbarung wird auch festgehalten, welche Mittel zur Verfügung stehen, an Hand welcher Kennzahlen die Zielerreichung überprüft wird und was zu tun ist, wenn im Prozess der Zielerreichung Probleme auftreten. Letzteres heißt, der übergeordneten Organisation oder Person rechtzeitig Feedback geben und gemeinsam Problemlösungen (z. B. Zielkorrekturen) überlegen.

Die Philosophie des Kontraktmanagements geht davon aus, dass durch Zielvereinbarungen Zielklarheit entsteht sowie die Arbeitsmotivation und die Arbeitsproduktivität steigen. Dieses Ziel wird nicht immer erreicht. Häufige Gründe für das Scheitern sind

- mangelnde Führungskräfte- und Mitarbeiterschulung
- Operationalisierungs- und Messprobleme
- mangelnde Ressourcen
- oberflächliches Controlling und
- das Ausbleiben von Konsequenzen bei der Nichterreichung von Zielen.

AZ:　　　　　　Ort:　　　　　　　　Datum:

Kontraktgegenstand:

Auftraggeber:

Auftragnehmer:

Kontraktzeitraum von/bis:
Zwischenbericht, -besprechung am/bis:
Abschlussbericht, -besprechung am/bis:

Anlass für die Aufgabe:

Aufgabenbeschreibung:

Zielerreichungskriterien:
(möglichst konkret, Qualitätsindikatoren, Messgrößen, Kennzahlen)

Zwischenzeitlich erforderliche Änderungen/Nachträge:

Zuständigkeiten/Verantwortungsbereich:

Ressourcen:

Kontraktpartner/Unterschriften:

————————　　　　　　　　　————————
Auftraggeber　　　　　　　　　　Auftragnehmer

Ergebnisbewertung:

Kontrakt erfüllt　　　　　　　☐
Kontrakt teilweise erfüllt　　☐
Kontrakt nicht erfüllt　　　　☐

Weitere Angaben/Maßnahmen

Kontraktpartner/Unterschriften:

————————　　　　　　　　　————————
Auftraggeber　　　　　　　　　　Auftragnehmer

Abb. 5 Kontraktformular

Literatur

Knorr, F./Scheppach, M.: Kontraktmanagement. Regensburg: Walhalla 1999.

KGSt (Kommunale Gemeinschaftsstelle für Verwaltungsvereinfachung): Kontraktmanagement: Steuerung über Zielvereinbarungen. Bericht Nr. 4/1998. Köln 1998.

Winter, K.: Das Kontraktmanagement. Baden-Baden: Nomos 1998.

Internetadressen

http://www.kommunaler-wettbewerb.de/kontrakt/files/100.htm

http://www.staat-modern.de/infos/daten/zielvereinbarungen.pdf

Korrelation

Statistisch berechneter Zusammenhang zwischen zwei oder mehreren Merkmalen.

Korrelationskoeffizient

Statistische Maßzahl für die Enge und Richtung eines Zusammenhangs. Die Korrelationskoeffizienten können Werte zwischen $+1$ (maximal enger gleichsinniger Zusammenhang) und -1 (maximal enger gegenläufiger Zusammenhang) annehmen. Ein Wert von 0 bedeutet, dass kein Zusammenhang zwischen den Merkmalen besteht.

Kräftefeldanalyse

Jeder Veränderungsprozess ist ein Kraftfeld, in dem treibende Kräfte (Prokräfte) und hemmende Kräfte (Contrakräfte) wirken. Letztere werden auch als *Widerstand* bezeichnet. Mithilfe der Kräftefeldanalyse kann man die Prokräfte und Contrakräfte in der Planungsphase von Veränderungsprojekten ermitteln und zum Zweck der Zielerreichung beeinflussen.

Normalerweise wird die Kräftefeldanalyse in der Projekt- bzw. Planungsgruppe durchgeführt. Als Analyseinstrument dient ein großformatiges Kräftefelddiagramm (Flipchartgröße).

Entweder durch *Kartenabfrage* oder Zuruf werden die Pro- und Contrakräfte gesammelt und in der jeweiligen Spalte festgehalten. Danach ordnet man die Pro- und Contrakräfte nach ihrer Stärke. Diese Priorisierung ist Ausgangspunkt für Überlegungen, wie die Prokräfte gestärkt und/oder die Contrakräfte geschwächt werden können. Abschließend wird ein Aktionsplan mit konkreten Maßnahmen und Verantwortlichkeiten erstellt.

Prokräfte	Contrakräfte
→	←
→	←
→	←
→	←
→	←
→	←
→	←

Abb. 6 Kräftefelddiagramm

Eine gründliche Kräftefeldanalyse ermöglicht eine leichtere und raschere Umsetzung von Änderungszielen. Im Grunde genommen ist sie die wirksamste Prävention von *Widerstand*.

Literatur

Becker, H./Langosch, I.: Produktivität und Menschlichkeit. Organisationsentwicklung und ihre
    Anwendung in der Praxis. Stuttgart: Lucius & Lucius 2002 (5. Aufl.).
Philipp, E.: Gute Schule verwirklichen. Weinheim und Basel: Beltz 1996 (4.Aufl.).

Internetadressen

http://www.pi-stmk.ac.at/bmhs/service/lernunterlagen/schulentwicklung.htm
http://www.qis.at/pdf/offenemethoden.pdf

Kriterium

Gesichtspunkt der Qualitätsanalyse. Kriterien beschreiben Teilqualitäten eines
komplexen Evaluationsgegenstands. Sie werden konkretisiert durch *Indikatoren*.

Kundenbefragung

Wenn eine Organisation das Qualitätsziel „Kundenorientierung" erreichen
möchte, muss sie sich ein klares Bild von den Meinungen und Einstellungen ihrer

Kunden machen. Zu einem präzisen Bild gelangt man letztlich nur über eine Kundenbefragung.

Am häufigsten angewandt werden schriftliche Befragungen, da sie am ehesten den Kriterien der Objektivität, Wirtschaftlichkeit und Wiederholbarkeit entsprechen. Darüber hinaus ist es auch möglich, die Kundenmeinung durch Interviews oder Round-Table-Gespräche mit Kundengruppen zu erforschen.

Fragebögen, die zur Analyse der Kundenzufriedenheit eingesetzt werden, messen

- die Globalzufriedenheit
- sowie spezifische Zufriedenheiten mit einzelnen Serviceleistungen.

Darüber hinaus werden die Befragungspersonen darum gebeten, konkrete Verbesserungsvorschläge zu formulieren.

Ein Kundenbefragungsprojekt durchläuft die nachfolgend skizzierten Phasen:

1. Planungsphase
   - Fragebogenkonstruktion
   - Information der Kunden
2. Befragungsphase
   - Verteilung der Fragebögen
   - Rücklaufkontrolle
   - eventuell Nachfassaktion
3. Auswertungs- und Analysephase
   - Statistische Auswertung
   - Ergebnisbericht
   - Präsentation und Reflexion
   - Ableitung von Verbesserungsmaßnahmen
4. Umsetzungsphase
   - Durchführung der Verbesserungsmaßnahmen
5. Erfolgskontrolle
   - Zwischenbilanzen
   - zweite Kundenbefragung

Im Kontext von Schulevaluation und Schulentwicklung sollten die unmittelbaren Schulkunden (Schüler, Eltern) danach befragt werden,

- wie zufrieden sie mit der Schule insgesamt und mit den pädagogischen Leistungen sind
- was sie sich an konkreten Verbesserungen wünschen.

Eine Kundenbefragung kann schließlich auch mit Schulen und Betrieben durchgeführt werden, in denen die Schulabsolventen ihren Qualifizierungsprozess fortsetzen. Man nennt eine solche Aktion *Abnehmerbefragung*.

Literatur

Reisch,R./Loucky-Reisner, B./Schwarz, G.: Marketing für Schulen. Wien: öbv & hpt 2001.

Internetadresse

www.das-macht-schule.de

Kundenorientierung

Kundenorientierung heißt, dass ein Profit- oder Nonprofitunternehmen seine Tätigkeiten und Prozesse auf die Erwartungen und Wünsche der Kunden ausrichtet. Kunden sind diejenigen, die Produkte oder Dienstleistungen in Anspruch nehmen.

Die Orientierung an den Kunden ist Grundlage des Total Quality Managements (*TQM*). Ziel ist es, zu einer hohen Kundenzufriedenheit zu gelangen.

Obwohl die Anwendung des Kundenbegriffs auf die Nonprofitorganisation „Schule" weiterhin kontrovers diskutiert wird, hält er im schulischen Qualitätsmanagement immer häufiger Einzug. Man unterscheidet dabei zwischen den Schülerinnen und Schülern als direkte Kunden sowie den Eltern und Abnehmern als indirekte Kunden.

Die Kunden erwarten von dem pädagogischen Dienstleister „Schule", dass er

- Wissen wirksam vermittelt
- systematisch das Lernen lehrt
- das Sozialverhalten nachhaltig fördert
- einen freundlichen Umgang pflegt
- Fairness walten lässt
- die Ressourcen effizient bewirtschaftet.

Ob eine Schule tatsächlich kundenorientiert ausgerichtet ist, lässt sich letztlich nur durch eine *Kundenbefragung* und Kundenfeedbacks klären. Deshalb muss eine Schule im Rahmen der *Selbstevaluation* immer wieder die Kundenzufriedenheit messen.

Zur Kundenorientierung gehören auch transparent aufgezeigte Beschwerdemöglichkeiten:

- Der Kunde wendet sich direkt an den Verursacher.
- Der Kunde konsultiert den Vorgesetzten des Verursachers.
- Der Kunde wendet sich an eine speziell zuständige Ansprechperson.

Wichtig für ein erfolgreiches Beschwerdemanagement sind Qualitätsstandards für die Beschwerdebearbeitung, freundliche Kommunikation und rasche Reaktion. Darüber hinaus müssen Beschwerden gesammelt, in größeren Abständen systematisch analysiert und daraus Verbesserungsmaßnahmen abgeleitet werden. Beschwerden bergen viele Chancen für die Qualitätsentwicklung.

Die Kundenorientierung darf nicht überbetont werden, da sie ab einem kritischen Punkt die Mitarbeiterzufriedenheit beeinträchtigt. Deshalb muss auf eine Balance zwischen Kunden- und Mitarbeiterzufriedenheit geachtet werden.

Literatur

Bruhn, M.: Kundenorientierung. Bausteine für ein exzellentes Customer Relationship Management (CRM). München: Deutscher Taschenbuch Verlag 2003 (2. Aufl.).

Töpfer, A. (Hrsg.): Kundenzufriedenheit messen und steigern. Neuwied: Luchterhand 1999 (2. Aufl.).

Internetadresse

http://de.wikipedia.org/wiki/Kundenorientierung

Kundenzufriedenheit

Kundenzufriedenheit ergibt sich aus der Differenz zwischen erwartetem und tatsächlichem Service. Sie besteht aus der Globalzufriedenheit mit dem Service und speziellen Zufriedenheiten.

Unzufriedene Kunden teilen ihre Negativerfahrungen durchschnittlich 9–10 Personen mit, zufriedene Kunden durchschnittlich nur 3 Personen.

Organisationen sollten die Kundenzufriedenheit regelmäßig analysieren. Ziel der Zufriedenheitsanalysen ist die Gewinnung strategischer Informationen und die Ableitung von Verbesserungsmaßnahmen.

Die Messung der Kundenzufriedenheit spielt bei der Analyse der Schulqualität eine immer größere Rolle. Die persönliche Zufriedenheit von Eltern und Schülern ist ein wichtiges Echo auf die Qualität der pädagogischen Arbeit. In bundesweiten Erhebungen wird deshalb auch danach gefragt, wie zufrieden Eltern und Schüler mit ihrer Schule sind.

In einer Schülerumfrage des Instituts für Schulentwicklungsforschung (2003) mussten die 2222 Befragungspersonen ihrer Schule Zufriedenheitsnoten geben. Das Resultat stellt sich so dar:

Note 1   4%
Note 2   41%
Note 3   37%
Note 4   12%
Note 5   5%
Note 6   1%

Die Zufriedenheit der Schulkunden „Eltern" wurde 2003 in einer bundesweiten Repräsentativerhebung, an der rund 10000 Eltern teilnahmen, vom Sozialforschungsinstitut Infratest gemessen. Die entsprechende Frage lautete: „Alles in allem: Wie zufrieden sind Sie mit der Schule, die ihr Kind im vergangenen Jahr besucht hat?" Die Antwortverteilung sieht auf der Notenskala (1 = sehr zufrieden … 6 = sehr unzufrieden) wie folgt aus:

Note 1   16%
Note 2   40%

Note 3	29%
Note 4	10%
Note 5	4%
Note 6	1%

Wenn eine einzelne Schule sich selbst evaluiert, sollte sie unbedingt die Zufriedenheit ihrer wichtigsten Kundengruppen messen. Entweder konstruiert man hierfür selbst ein Messinstrument oder man verwendet standardisierte Fragebögen, die Fragen zur allgemeinen Zufriedenheit und zu speziellen Schulaspekten (z. B. Unterricht) enthalten. Vorteil der letzteren Vorgehensweise ist, dass man die ermittelten Zufriedenheitswerte mit den Durchschnittswerten einer Referenzgruppe (Durchschnittschule) vergleichen kann.

Regelmäßig durchgeführte Zufriedenheitsmessungen ermöglichen Trendanalysen. Das heißt, dass man beobachten kann, wie bzw. in welche Richtung sich die Zufriedenheitswerte innerhalb eines Zeitraums bewegen. Positive Trends sind wichtige Verstärker für das pädagogische Engagement. Negative Trends sind Anlass für Verbesserungsprozesse.

Literatur

Institut für Schulentwicklungsforschung (Hrsg.): IFS-Schulbarometer. Ein mehrperspektivisches Instrument zur Erfassung von Schulwirklichkeit. Dortmund: IFS 2003 (8. Aufl.).

Thebis, F./Rosenblatt, B. von: Schule aus der Sicht von Eltern. Eine Studie der TNS Infratest Bildungsforschung. In: Pädagogische Führung H. 2/2004.

Internetadressen

http://www.tns-infratest-sozialforschung.com/downloads/schule-eltern.pdf

LAU

Ziel der Hamburger Lernausgangslagen-Untersuchung LAU (http://www.hamburger-bildungsserver.de) war es, den Lernfortschritt in den Fächern Deutsch, erste Fremdsprache, Mathematik sowie in fächerübergreifenden Kompetenzbereichen längsschnittlich zu messen. Die Leistungsstudie begann 1996 flächendeckend in allen fünften Klassen der allgemein bildenden Schulen des Stadtstaats Hamburg. Dieselben Schülerinnen und Schüler wurden im Abstand von 2 Jahren bis zu ihrem Schulabschluss getestet und befragt. Die letzte LAU-Erhebung fand im 2005 statt. Untersucht wurden diejenigen Schülerinnen und Schüler, die es bis zum Abitur geschafft hatten.

Lehrerfortbildung

In der schulinternen, regionalen und überregionalen Lehrerfortbildung werden fachinhaltliche, didaktisch-methodische, pädagogische und psychologische Kompetenzen vermittelt, um die *Lehrerprofessionalität* zu erneuern und weiterzuentwickeln.

Lehrerfortbildungsveranstaltungen bieten an die Schulverwaltung, freie Träger (z. B. Lehrerverbände) und freiberufliche Expertinnen und Experten.

Lehrerfortbildung ist notwendig, da sich die beruflichen Anforderungen ständig ändern, und zwar sowohl in fachlicher als auch pädagogischer Hinsicht. Sie wird zwar vom Dienstherrn als wichtig für den Erhalt und die Weiterentwicklung der *Lehrerprofessionalität* erachtet, bleibt aber meist fakultativ, was die Teilnahme an schulexternen Fortbildungen betrifft. Obligatorisch hingegen ist die Teilnahme an schulinternen pädagogischen Tagen.

Schulinterne Lehrerfortbildung wird vielerorts immer noch intuitiv geplant. Sie ist zu wenig bezogen auf die Qualitätsentwicklung der Schule und der Lehrperson. Wenn die schulinterne Lehrerfortbildung qualitätsförderlich sein soll, muss sie auf den Ergebnissen der *Selbstevaluation* und/oder einer Fortbildungsbedarfserhebung geplant werden. Dabei ist vor allem die Frage zu beantworten, für welche aktuell wichtigen Ziele und Aufgaben welche Qualifikationen weiterentwickelt oder neu angeeignet werden müssen.

Schulinterne Fortbildungsveranstaltungen müssen evaluiert werden. Zum einen sollte am Ende der Fortbildung ein Teilnehmerfeedback stattfinden. Zum anderen ist nach einiger Zeit eine Follow-up-Untersuchung vonnöten. Ziel dieser Erhebung ist es zu eruieren, ob die Fortbildung tatsächlich auch zur Zielerreichung und zur wirksameren Aufgabenbewältigung geführt hat.

Literatur

Besser, R.: Transfer: Damit Seminare Früchte tragen. Weinheim und Basel: Beltz 2001.
Jaumann-Graumann, O./Köhnlein, W. (Hrsg.): Lehrerprofessionalität – Lehrerprofessionalisierung. Bad Heilbrunn: Klinkhardt 2000.

Internetadressen

http://www.bildungsserver.de
htttp://www.lehrerfortbildung.de

Lehrerprofessionalität

Der Lehrerberuf ist ein professionalisierter Beruf. Das heißt, dass Laien ihn nicht ausüben dürfen, sondern Personen, die sich die Befähigung zur Erteilung von Unterricht in einem intensiven Qualifizierungsprozess erworben haben. Wird diese Befähigung durch reflektierte pädagogische Erfahrung angereichert, entsteht das, was man Lehrerprofessionalität nennt (Combe/Kolbe 2004).

Lehrerprofessionalität setzt das Vorhandensein von Kernkompetenzen voraus, ohne die ein erfolgreiches pädagogisches Handeln nicht möglich ist:

- Selbstkompetenz: Wahrnehmung und angemessener Ausdruck eigener Gefühle, gesundes Selbstbewusstsein, Nervenstärke, realistische Selbsteinschätzung, wirksames Selbstmanagement

- Sozialkompetenz: Einfühlungsvermögen, Kontaktfähigkeit, Kommunikationsfähigkeit, Konfliktfähigkeit, Durchsetzungsvermögen

- Fachkompetenz: fachtheoretisches Wissen, fachdidaktisches Wissen, Fähigkeit, Fachwissen verständlich zu erklären

- Methodenkompetenz: flexibel anwendbares Lehrmethodikrepertoire, Vermittlung von Lernmethoden, Lernberatung

- Medienkompetenz: Einbeziehung neuer Medien in den Unterricht, Handhabung neuer Medien

Wer als Lehrerin oder Lehrer gute pädagogische Arbeit leisten will, muss sein berufliches Repertoire pflegen und weiterentwickeln (Miller 2005). Findet dies nicht statt, besteht das Repertoire des Lehrers bald nur noch aus Routinen, mit denen sich die Herausforderungen einer sich stetig ändernden Umwelt nicht mehr bewältigen lassen. Die Folgen einer erstarrten Professionalität sind dann erkennbar an schlechten Erziehungs- und Unterrichtleistungen sowie an der Zunahme von Konflikten.

Das persönliche *Qualitätsmanagement* des guten Lehrers lässt sich zuallererst daran erkennen, dass er sich regelmäßig selbst reflektiert (Schön 1983). Er denkt über sein Handeln nach und überlegt, was gut läuft und was verbessert werden muss. Er setzt sich Änderungsziele und überprüft die Zielerreichung. Ein wichtiges Hilfsmittel des reflektierenden Praktikers ist dabei das Tagebuch. Wer ein guter Profi werden und bleiben will, achtet auch auf seine Gesundheit und eignet sich Methoden der Stressbewältigung an.

Zur Sicherung und Weiterentwicklung der Lehrerprofessionalität können auch *Intervision* und *Supervision* beitragen. Intervision bedeutet, dass eine Lehrergruppe Praxisprobleme in Eigenregie bespricht und Lösungen erarbeitet. Unter *Supervision* versteht man die von einer fremden Person geleitete Fallbesprechung.

Weitere Merkmale einer guten schulischen Professionskultur sind die *kollegiale Hospitation*, das Entwickeln eines gemeinsamen *pädagogischen Konzepts*, regelmäßiger Erfahrungsaustausch im Klassenteam und das fachliche Weiterlernen in der Fachkonferenz.

Die pädagogische Professionalität wird ebenso gefördert durch *Lehrerfortbildung*. Zum einen kann sich das ganze Kollegium in einer schulinternen Fortbildungsveranstaltung neue Kenntnisse und Fertigkeiten aneignen. Zum anderen gibt es für die einzelne Lehrperson immer auch die Gelegenheit, sich in einzelnen Kompetenzbereichen schulextern weiterzubilden.

Literatur

Combe, A./Kolbe, F. U.: Lehrerprofessionalität: Wissen, Können, Handeln. In: Helsper, W./ Böhme, J. (Hrsg.): Handbuch der Schulforschung. Wiesbaden: VS Verlag für Sozialwissenschaften 2004.

Combe, A./Helsper, W.: Pädagogische Professionalität. Frankfurt: Suhrkamp 1996.

Miller, R.: 99 Schritte zum professionellen Lehrer. Erfahrungen-Impulse-Empfehlungen. Seelze: Kallmeyer 2005 (2. Aufl.).

Schön, D.: The Reflective Practitioner. San Francisco: Jossey Bass 1983.

Terhart, E.: Lehreruf und Lehrerbildung. Weinheim und Basel: Beltz 2001.

Internetadressen

http://dgfe-aktuell.uni-duisburg.de/bilpol/leitsatz.htm

http://www.golin.net/lehrerakademie_vorstudie.pdf

Leitfadeninterview → Interview

Lernreflexion

Die Lernqualität lässt sich verbessern, wenn Schülerinnen und Schüler ihre Lernprozesse genau beobachten und reflektieren und sich ihrer Stärken und Schwächen bewusst werden. Lernreflexion bedeutet nicht nur, dass sie über sich allein reflektieren, sondern auch, dass sie mit anderen über ihre Lernprozesse sprechen. Das Nachdenken „führt zu einem zunehmend differenzierten Strategierepertoire und erleichtert den Umgang mit Lernschwierigkeiten" (Beck/Guldimann/Zutaven 1994, S. 209). Zum regelmäßigen Nachdenken können Schülerinnen und Schüler in unterschiedlichen Formen angeregt werden. Entweder in Tandems, in größeren Gruppen oder im Plenum werden die Lernerfahrungen ausgetauscht. Ziel regelmäßiger Lernreflexion ist es, aus eigenen Lernerfahrungen zu lernen und das Lernverhalten zu verbessern. Folgende Möglichkeiten der Lernreflexion bieten sich an:

- Lernbefragung: Nach einer Unterrichtssequenz oder nach dem Abschluss einer Stoffeinheit analysieren die Schülerinnen und Schüler ihren Verstehens- und Lernprozess. Sie teilen mit, was gut gelang, was schwierig war und was noch nicht verstanden wurde.

- Fehleranalyse: Die Schülerinnen und Schüler finden heraus, warum sie einen bestimmten Fehler gemacht haben.

- Lerntagebuch: Die Schülerinnen und Schüler dokumentieren ihre Lernerfahrungen, Lernprobleme und Fragen in einem Lerntagebuch (s. u.). Aufgeschrieben wird auch das, was man nicht verstanden hat.

- Lernpartnerschaft (Peer Coaching): Jeder Lernende hat einen Lernpartner, mit dem er Lernerfahrungen und Lernprobleme bespricht und offen gebliebene Fragen gemeinsam bearbeitet.

● Klassengespräch: In größeren Zeitabständen werden die im Lerntagebuch dokumentierten Lernerfahrungen und Lernprobleme ausgetauscht und besprochen.

Besonders förderlich für die Lernreflexion ist das Lerntagebuch. Es ist persönlicher Besitz des Lernenden und darf ohne seine Genehmigung nicht eingesehen werden. Es gibt zwei zentrale Möglichkeiten, ein Lerntagebuch zu führen. Zum einen kann man es frei gestalten, indem man den Lerntag ganz persönlich dokumentiert. Zum anderen kann man seine Lernerfahrungen und Lernprobleme nach vorgegebenen Fragen bzw. Kategorien zu Papier bringen:

● Was gelang gut?
● Was hat Spaß gemacht?
● Welcher Lernstoff war schwierig?
● Was habe ich nicht verstanden?
● Welche Lernmethode war hilfreich?
● Was sollte ich künftig anders machen?

Der Tagebucheintrag kann sich auf eine einzelne Unterrichtsstunde, auf einen Unterrichtstag oder auf eine Unterrichtswoche beziehen. Am häufigsten angewandt wird der Tagesrückblick.

Lerntagebücher können für die Förderung der Lernentwicklung unterschiedlich genutzt werden:

● zum persönlichen Nachdenken über das Lernen
● zum Klassengespräch über das Lernen
● zum Partnergespräch über das Lernen
● zu Lernberatungsgesprächen mit dem Fachlehrer.

Literatur

Beck, E./Guldimann, T./Zutaven, M.: Eigenständiges Lernen verstehen und fördern. In: Reusser, K./Reusser-Weyeneth, M. (Hrsg.): Verstehen. Psychologischer Prozess und didaktische Aufgabe. Bern: Huber 1994.

Internetadressen

http://www.learn-line.nrw.de/angebote/selma/foyer/projekte/lerntagebuecher/seite6.htm

http://www.schule.suedtirol.it/blikk/angebote/modellmathe/ma1871.htm

Lerntagebuch → Lernreflexion

Maßnahmenplan → Moderationsmethoden

Median

Wert der zentralen Tendenz einer Verteilung. Unterhalb und oberhalb des Medians, der auch 2. Quartil genannt wird, liegt jeweils die Hälfte der Werte. Er ist nicht so anfällig gegen stark abweichende Werte (Ausreißer) wie der *Mittelwert*.

Mehrpunktabfrage → Moderationsmethoden

Meinungsecken → Moderationsmethoden

Metaevaluation

Evaluation einer Evaluation. Beispielsweise überprüft eine Schule, ob ihre Selbstevaluation den *Evaluationsstandards* entspricht. Im *Q2E*-Modell versteht man unter Metaevaluation mehr, und zwar die externe Überprüfung des gesamten Qualitätsmanagements einer Schule. Fällt diese Metaevaluation, so die Q2E-Philosophie, gut aus, kann daraus geschlossen werden, dass auch die übrigen Qualitätsbereiche der Schule gut sind.

Metaphorische Methoden

Mit quantitativen Verfahren wie zum Beispiel einer Fragebogenuntersuchung lässt sich die Qualität einer Schule nur partiell erfassen. Ein besonderes Manko solcher Verfahren ist, dass die subjektive Erlebnisseite der Personen nicht adäquat zum Ausdruck kommt.

Wer die Seele einer Schule sichtbar machen möchte, muss expressiv-metaphorische Methoden einsetzen. Es bieten sich an:

● Zeichnungen
● Collagen
● Skulpturen
● Rollenspiele.

In den Darstellungen verdichten sich die Erfahrungen, die jeder Einzelne mit der zu evaluierenden Organisation gemacht hat. Sie können neue Zugänge eröffnen und unerwartete Sichtweisen aufzeigen.

Am häufigsten angewandt werden Zeichenaktionen. Das heißt, dass die Evaluationsteilnehmer aufgefordert werden, ihre Schule als Bild darzustellen (Fatzer 1993, S. 204ff.). Wie der Einzelne dies tut, bleibt ihm völlig selbst überlassen. Nach der metaphorischen Einzelarbeit werden die Zeichnungen ausgestellt, kommentiert und interpretiert. In der weiteren Auswertung wird herausgearbeitet, wo es Stärken und Schwächen gibt, die von vielen gleich oder ähnlich wahrgenommen werden. Aus dieser Schnittmenge ergibt sich das, was man als das Schulbild bezeichnen kann.

Eine andere kreative Übung, die im Kontext von Schulevaluationen immer wieder durchgeführt wird, heißt „Wenn ich in meiner Schule der König wäre ..." (Fatzer 1993, S. 221). Der Übung liegt die Annahme zugrunde, dass jeder Vorstellungen von einer besseren Schule hat. Man würde sie gerne verwirklichen, wenn man mehr Macht bzw. weniger Angst hätte. Eine sparsame Variante der Übung besteht darin, dass jeder in einer Stillarbeit sich Verbesserungsideen (maximal 3) überlegt, die er umsetzen würde, wenn er der König wäre. Anschließend werden die Ideen nacheinander präsentiert, gruppiert und schließlich auf ihre Umsetzungstauglichkeit überprüft.

Es ist ratsam, evaluative Zeichenaktionen von außen begleiten zu lassen. Das Offen-Legen von subjektiven Erlebnisseiten kann nämlich Konflikte erzeugen, die intern nicht immer bewältigbar sind. Deshalb bedarf es eines Prozessbegleiters, der Erfahrung mit solchen Verfahren und Prozessen hat.

Literatur

Fatzer, G.: Ganzheitliches Lernen. Humanistische Pädagogik und Organisationsentwicklung. Paderborn: Junfermann 1993 (4. Aufl.).

Schratz, M./Iby, M./Radnitzky, E.: Qualitätsentwicklung. Verfahren, Methoden, Instrumente. Weinheim und Basel 2000.

Internetadressen

http://www.eqs.ef.th.schule.de/pages/vorhab_eval/lebensraum/schulgestalt.htm

http://www.schule.suedtirol.it/blikk/angebote/schulegestalten/eva/eva1400.htm

Metaphorischer Einstieg → Moderationsmethoden

Methode 66 → Moderationsmethoden

Mission

Beschreibung des Zweckes einer Organisation. In ihr kommt zum Ausdruck, wie die Organisation ihren Auftrag sieht. Die Mission einer Schule sollte im *Schulleitbild* beschrieben werden.

Mitarbeiterbefragung

Die Arbeitszufriedenheit ist eine zentrale Einflussgröße des Organisationserfolgs. Zufriedene Mitarbeiterinnen und Mitarbeiter sind arbeitsmotivierter, identifizieren sich stärker mit ihrer Organisation und arbeiten produktiver (Gebert/von Rosenstiel 2002, S. 80 ff.). Vor dem Hintergrund dieser Erkenntnisse der Arbeits- und Betriebspsychologie ist die Mitarbeiterbefragung ein wichtiger Schritt im Prozess einer Qualitätsentwicklung. Alle Mitarbeiterinnen und Mitarbeiter sollen die Möglichkeit erhalten, ihre Meinung zu arbeitsbezogenen Themen frei und offen zu äußern. Die Befragungsergebnisse geben wichtige Hinweise auf Stärken und Schwächen, Probleme und Verbesserungsmöglichkeiten liefern.

Mitarbeiterbefragungen liegt folgender Ablauf zu Grunde:

1. Planungsphase
   - Fragebogenkonstruktion
   - Fragebogendruck
   - Aufklärung aller über die geplante Befragung

2. • Befragungsphase
   - Verteilung der Fragebögen
   - Rücklaufkontrolle

3. Auswertungs- und Analysephase
   - Statistische Auswertung
   - Ergebnisbericht
   - Präsentation und Reflexion
   - Ableitung von Verbesserungsmaßnahmen

Aus dem Projektablauf geht hervor, dass eine Mitarbeiterbefragung keine Informationserhebung im traditionellen Sinne ist, sondern eine Maßnahme zum Zweck der Qualitätsentwicklung (Borg 1995).

Literatur

Borg, I.: Mitarbeiterbefragungen. Strategisches Auftau- und Einbindungsmanagement. Göttingen: Hogrefe 1995.

Gebert, D./Rosenstiel, L. V.: Organisationspsychologie. Person und Organisation. Stuttgart: Kohlhammer 2002 (5. Aufl.).

Neben, A./Seeber, S.: Mitarbeiterbefragung zu den wahrgenommenen Arbeitsbedingungen an Berliner berufsbildenden Schulen. Endbericht. Studien zur WIPAED und Berufsbildungsforschung aus der Humboldt-Universität zu Berlin. Band 4. Berlin 2002

Internetadressen

http://de.wikipedia.org/wiki/Mitarbeiterbefragung

http://www.umsetzungsberatung.de/methoden/mitarbeiterbefragung.php

Mitarbeitergespräch

Das Mitarbeitergespräch ist ein wichtiges Instrument der Personalführung und der *Personalentwicklung*. Wenn man das Mitarbeitergespräch einsetzen möchte, um die Motivation, das Potenzial und die Produktivität der Mitarbeiterinnen und Mitarbeiter zu fördern, muss man es positiv führen. Positiv heißt, dass im Mittelpunkt des Gesprächs die Chancen, Stärken und Entwicklungsmöglichkeiten des Gesprächspartners stehen.

Falls man eine Mitarbeiterin oder einen Mitarbeiter hat, der augenblicklich den Erwartungen nicht entspricht und ein schwieriges Leistungs- oder Sozialverhalten aufweist, ist mit ihm ein Gespräch zu führen, das im betriebspsychologischen Sinne kein Mitarbeitergespräch ist, sondern ein Kritik- bzw. Konfliktgespräch. In diesem Falle liegt der Fokus zunächst auf dem Problemverhalten.

Mitarbeitergespräche werden häufig als Jahresgespräche geführt. Falls möglich, können sie aber auch in kürzeren Intervallen stattfinden. Es sind keine Kurzdialoge zwischen Tür und Angel, sondern sie werden rechtzeitig angekündigt mit der Bitte an den Mitarbeiter, sich auf dieses Gespräch gründlich vorzubereiten.

Für das Gespräch muss genügend Zeit reserviert werden. Außerdem ist mit dem Sekretariat zu vereinbaren, dass es nicht unterbrochen werden darf.

Das Mitarbeitergespräch bedarf der guten Vorbereitung. Hierzu gehört vor allem, sich Notizen zu machen über den bisherigen organisationsinternen Entwicklungsweg des Gesprächspartners, über seine Arbeitsergebnisse und über die wahrgenommenen Kompetenzen. Letzteres gelingt besser, wenn man über die Mitarbeiterinnen und Mitarbeiter eine Kompetenzkartei führt.

Das Mitarbeitergespräch selbst ist ein geplantes und zielgerichtetes Vier-Augen-Gespräch. Auf keinen Fall ist es ein lockerer Talk. Deshalb benötigt man einen Leitfaden, mit dem das Gespräch strukturiert geführt wird:

Eröffnung
- freundliche Begrüßung
- Darlegung des Gesprächsablaufs und des Zeitrahmens
- Klärung der Dokumentationsfrage

Bestandsaufnahme
- Wahrnehmung der Leistungen und Kompetenzen des Mitarbeiters aus Sicht des Vorgesetzten
- Wahrnehmung der Arbeitssituation und des Vorgesetzten aus Sicht des Mitarbeiters
- Vergleich der Sichtweisen
- Klärung von Unterschieden und deren Ursachen

Entwicklungsziele
- gemeinsame Ableitung von Entwicklungszielen
- Überlegung, wie diese Ziele konkret erreicht werden können
- Klärung des Unterstützungsbedarfs

Abschluss
- Zusammenfassung der Gesprächsergebnisse in Form einer Zielvereinbarung
- Schriftliche Ergebnisdokumentation
- Würdigung des Gesprächsverlaufs und motivierende Verabschiedung

Bei der Bestandsaufnahme ist darauf zu achten, dass sie mit einer positiven Botschaft beginnt. Diese kann eine Rückmeldung darüber enthalten, was einem am Mitarbeiter besonders gefällt. Kritisches soll nicht in Form eines Tadels ausgedrückt werden, sondern als etwas, was im Sinne einer Chance noch zu entwickeln ist. Zwischendurch sollte man die Schnittmenge der Übereinstimmungen herausarbeiten. Suggestionen sind zu vermeiden, auf die Meinungen und Einstellungen des Gesprächspartners geht man aktiv zuhörend ein.

Trotz einer empathischen Grundhaltung muss das Gespräch auf eine *Zielvereinbarung* hinsteuern. Sie ist das Kernstück des Mitarbeitergesprächs. In ihr kommt zum Ausdruck, was bis zum nächsten Gespräch erreicht werden soll. In diese Vereinbarung gehört auch das, was der Mitarbeiter an Unterstützung auf dem Weg zur Zielerreichung braucht. Das heißt, in dem Moment, in dem seine Ziele formuliert werden, entstehen auch Ziele für den Vorgesetzten.

Vereinbarte Ziele erzeugen Zugkraft, schaffen Klarheit und setzen Standards. Bei der gemeinsamen Zielformulierung ist darauf zu achten, dass die Ziele konkret sind, eine Zeitperspektive enthalten und messbar sind. Letzteres bedeutet, dass genau festgelegt wird, woran man erkennen kann, dass das Ziel erreicht worden ist. Normalerweise wird eine Zielvereinbarung schriftlich fixiert, wozu Formulare nützlich sein können.

Spätestens beim nächsten Jahresgespräch muss zusammen mit dem Gesprächspartner bilanziert werden,
- was abgehakt werden kann
- was fortgesetzt werden muss
- was nicht realisierbar ist.

Der Erfolg von Zielvereinbarungen lässt sich steigern, wenn die Bilanz nicht erst in einem Jahr durchführt wird, sondern Zwischenbilanzen dazwischen geschoben werden.

Literatur

Keller, G.: Professionelle Kommunikation. Praxishilfen für den Berufsalltag. Heidelberg: Verlag Recht und Wirtschaft 2004.

Mentzel, W.: Mitarbeitergespräche. Planegg: STS 2001.

Schmitz, L./Billen, B.: Mitarbeitergespräche. München: Verlag moderne Industrie 2003.

Internetadressen

http://www.brandenburg.de/media/1172/mitarbeitergespraech.pdf

http://www.km.bayern.de/imperia/md/content/pdf/bekanntmachungen/kmbek_mag.pdf

Mitarbeiterorientierung

Mitarbeiterorientierung ist eine Grundhaltung, die daran zu erkennen ist, dass die Schulleitung mit dem Schulpersonal menschlich umgeht und fürsorglich handelt. Ziel der Mitarbeiterorientierung ist es, die Arbeitszufriedenheit und Arbeitsproduktivität zu fördern. Im Einzelnen heißt Mitarbeiterorientierung:

- das Schulpersonal für gute Arbeitsergebnisse loben und wertschätzen
- bei der Einsatzplanung Mitarbeiterwünsche berücksichtigen
- mit dem Personalrat intensiv zusammenarbeiten
- delegieren, was delegierbar ist
- das Kollegium transparent informieren
- Mitarbeiter in Problemsituationen beraten und unterstützen
- mit allen Mitarbeitergespräche führen
- Mitarbeiterbefragungen führen und daraus Verbesserungsmaßnahmen ableiten
- Teamarbeit anregen und unterstützen
- Konferenzen teilnehmerorientiert leiten
- professionelles Weiterlernen und Fortbildung fördern
- Unterrichtsleistungen fair beurteilen
- Fehler konstruktiv behandeln
- ein Klima für innovatives Verhalten schaffen
- für eine gesundheitsförderliche Arbeitsumwelt sorgen
- Hierarchie- und Statusunterschiede auf das notwendige Maß begrenzen

Eine mitarbeiterorientierte Schulführung bewirkt, dass in der Schule eine angenehme und lernorientierte Vertrauenskultur entsteht.

Literatur

Bühner, R.: Mitarbeiterführung als Qualitätsfaktor. München: Hanser 1997.

Wunderer, R./Gerig, V./Hauser, R. (Hrsg.): Qualitätsorientiertes Personalmanagement. München: Hanser 1997.

Internetadresse

http://www.deutsche-efqm.de

Mittelwert

Statistischer Kennwert der zentralen Tendenz einer Datenreihe. Im engeren Sinne versteht man darunter das arithmetische Mittel, auch Durchschnitt genannt. Man erhält diesen Wert, indem man die Summe aller Werte durch deren Anzahl dividiert.

Modalwert (Modus)

Häufigster Wert einer Verteilung. Er ist in einer Häufigkeitstabelle oder Grafik leicht zu erkennen. Gibt es in einer Verteilung zwei oder mehr Werte, die sehr häufig vorkommen, ist die Verteilung bi- bzw. multimodal.

Moderation

Es gibt keine Organisation, in der man nicht konferiert. Arbeitsabläufe lassen sich ohne Konferenzen nicht steuern. Konferenzen sind die zentralen Knotenpunkte der Arbeitskommunikation. Konferenzen werden durchgeführt, um zu informieren, sich zu beraten, Probleme zu analysieren und zu lösen sowie Entscheidungen zu treffen. Es kann eine Routinebesprechung sein, die regelmäßig stattfindet. Es kann sich aber auch um ein Meeting aus einem ganz speziellen Anlass handeln. Egal, welche Konferenzart es ist, sie bergen alle die große Gefahr der Unwirksamkeit und der Konflikte. Als Probleme werden immer wieder genannt:

- mangelnde Vorbereitung
- keine Zielklarheit
- Vielrednerei
- Abschweifungen
- Machtkämpfe
- verbale Entgleisungen
- mangelnde Visualisierungsmöglichkeiten
- keine Ergebnissicherung
- fehlende Zielvereinbarungen.

Ein Gutteil dieser Schwierigkeiten lässt sich abbauen, wenn man von traditionellen, leiterzentrierten Konferenzformen Abschied nimmt und die *Konferenzkultur* weiterentwickelt. Grundsätzlich heißt dies, dass sich die leitende Person als Kommunikationshelfer versteht, der die Teilnehmerinnen und Teilnehmer an der Bearbeitung und Lösung von Problemen aktiv beteiligt. Der teilnehmerzentrierte Moderator achtet außerdem auf ein angenehmes Arbeitsklima und ergebnisorientiertes Arbeiten.

Die Konferenzmoderation beginnt lange vor dem eigentlichen Konferenzbeginn. Die moderierende Person konstruiert ein gutes Programm. Sie bereitet sich gründlich vor, bindet die Betroffenen in die Vorbereitung ein und verschriftlicht all das, was nicht unbedingt mündlich weitergegeben werden muss, in Form informativer Tischvorlagen. Sie sorgt auch dafür, dass Hilfsmittel zur Vermittlung von Informationen und für die Visualisierung von Ergebnissen bereitgestellt werden:

- Stellwände
- Tageslichtprojektor/Beamer
- Folien
- Flipchart

- Wandzeitungen
- Plakate
- Moderationskarten
- Filzstifte
- Klebepunkte
- Klebestifte
- Klebeband
- Dekonadeln.

Schließlich sollte ein Konferenzraum so beschaffen sein, dass man sich wohl fühlt und ungestört miteinander kommunizieren kann. Dieses Desideratum lässt sich leider nicht überall verwirklichen.

Ist alles soweit präpariert, kann die Konferenz beginnen. Die moderierende Person begrüßt die Konferenzteilnehmerinnen und Konferenzteilnehmer motivierend. Falls sich die Anwesenden noch nicht kennen, stellt sie sich selbst vor und führt eine kurze Kennenlernrunde durch. Ist diese Anwärmphase beendet, verdeutlicht sie die Tagesordnung und klärt die Protokollfrage. Sie stellt nochmals ein Einverständnis hinsichtlich der endgültigen Programmfolge und des Zeitrahmens her. Sie teilt die schriftlichen Informationen aus und beschränkt Erläuterungen und Nachfragen auf das Allernötigste.

Wer den Teilnehmerinnen und Teilnehmern zu einer angenehmen und wirksamen Konferenzkommunikation verhelfen möchte, sollte vor dem Einstieg in die inhaltliche Arbeit bewährte Kommunikationsregeln vermitteln beziehungsweise vereinbaren.

Möglich ist es auch, dass die Teilnehmerinnen und Teilnehmer selbst Wünsche an das Miteinander formulieren – auf Karten oder auf einer Wandzeitung. Diese werden dann regelartig zusammengefasst.

Jetzt wäre der Zeitpunkt zur gemeinsamen Themenbearbeitung gekommen. Falls auf der Tagesordnung das Schwerpunktthema „Gewalt auf dem Pausenhof" steht, könnte zunächst eine Problemsammlung durchgeführt werden. Die moderierende Person teilt Karten aus und bittet die Teilnehmerinnen und Teilnehmer, auf maximal drei Karten beobachtete Gewaltprobleme zu notieren (nur ein Problem pro Karte). Anschließend werden die Karten eingesammelt, vom Moderator oder vom Kartenschreiber vorgelesen und auf einer Pinnwand gruppiert. Jede Kartengruppe erhält eine passende Überschrift.

Die Überschriften kann man nun in einen Themenspeicher eintragen und bewerten lassen. Jede teilnehmende Person erhält halb so viele Klebepunkte wie Probleme und gibt durch ihre Punktvergabe zu erkennen, welches Problem sie vordringlich behandelt haben möchte. Steht die Dringlichkeitsliste fest, entwerfen die Teilnehmerinnen und Teilnehmer für die ausgewählten Probleme Lösungsideen, die wiederum auf Karten notiert werden. Diese werden gesammelt, erläutert und gebündelt. Darauf aufbauend kann nochmals eine Punktbewertung stattfinden, an deren Ende nun die geeignetsten Maßnahmen aus der Teilnehmersicht zu erkennen sind. Was umgesetzt wird, muss jetzt entschieden werden. Und es ist zu klären, wer was bis wann tut. Dieser Handlungsplan muss jedem zugänglich gemacht werden. Die moderierende Person bedankt sich für die Mitarbeit aller und führt eine kleine Rückmelde-Runde durch, indem sie beispielsweise fragt, wie zufrieden die Beteiligten mit der Arbeitsatmosphäre und den Arbeitsergebnissen sind.

Wichtig zu wissen ist, dass Problem- und Ideensammlungen nicht unbedingt in Form einer Kartenabfrage vorgenommen werden müssen. Eine Alternative hierzu ist ein schriftliches Brainstorming, indem jede teilnehmende Person ihre Gedanken zunächst notiert. Im Anschluss daran werden sie genannt, besprochen und auf einem Plakat zusammengefasst. Für den Fall, dass nach dieser Methode gearbeitet wird, sind Visualisierungsregeln zu beachten:

- gut lesbar schreiben
- möglichst Druckbuchstaben benutzen
- auf Übersichtlichkeit achten
- sich auf das Wesentliche beschränken
- Zeichnungen sind erlaubt.

Während des gesamten Arbeitsprozesses achtet die moderierende Person darauf, dass die Arbeitsstufen und Arbeitsregeln eingehalten werden, die Teilnehmerinnen und Teilnehmer am Thema bleiben und sich alle möglichst gleichmäßig einbringen können. Sie hört gut zu, sie stellt lernträchtige Fragen, sie bremst „Redelöwen", sie ermuntert zaghafte „Gazellen" und greift im Falle sprachlicher Fouls grenzziehend ein.

Falls das Konferenzplenum mehr als 20 Teilnehmerinnen und Teilnehmer umfasst, sollte die Problembearbeitung in selbst moderierten Kleingruppen (5-8 Teilnehmer) erfolgen. Hierfür benötigen die Gruppen einen Moderationsleitfaden. Sehr bewährt hat sich die nachstehende Arbeits-Schritt-Folge:

1. klären, wer moderiert und wer dokumentiert
2. Stillarbeit (Stichwörter notieren)
3. Ergebnisse der Stillarbeit im Rundgespräch austauschen
4. Ergebnisse auf einem Poster zusammenfassen
5. einen Präsentator bestimmen.

Nicht alle Konferenzen lassen sich nach dieser sehr teilnehmerzentrierten Methode durchführen. Nach den bisherigen Erfahrungen vor allem solche, in denen Probleme gelöst werden müssen. Und das sind sicherlich viele.

Literatur

Lipp, U./Will, H.: Das große Workshop-Buch. Konzeption, Inszenierung und Moderation von Klausuren, Besprechungen und Seminaren. Weinheim und Basel: Beltz 2000 (5. Aufl.).

Nissen, P./Iden, U.: Kurz(s)Korrektur Schule. Ein Handbuch zur Einführung der Moderations-Methode im System Schule für die Verbesserung der Kommunikation und des miteinander Lernens. Hamburg: Windmühle 1999.

Internet-Adressen

http://www.metaplan.de
http://www.moderation.de

Moderationsmethoden

Wer gut moderieren möchte, benötigt ein genügend großes Methodenrepertoire, aus dem er jene Methode auswählt, die zum Thema, zur Zielgruppe und zur Arbeitsphase am besten passt. Hierzu eignet sich der folgende Moderationsbaukasten:

Einstieg

Transparenz herstellen: Der Konferenzablauf wird den Teilnehmerinnen und Teilnehmern auf einem Plakat, einer Folie oder einer Tischvorlage vorgestellt. Es sollte in dieser Phase möglich sein, das Programm zu modifizieren, falls entsprechende Wünsche geäußert werden.

Erwartungsabfrage: Die Teilnehmerinnen und Teilnehmer werden aufgefordert, das auszudrücken, was sie sich von der Besprechung wünschen. Dies kann mündlich (kurzes Statement) oder schriftlich (Wandzeitung, Kartenabfrage) geschehen.

Metaphorischer Einstieg: Die Teilnehmerinnen und Teilnehmer werden aufgefordert, das Thema oder Problem durch einen bildhaften Vergleich zu konkretisieren („Schulentwicklung ist ein schwieriger Aufstieg auf einen hohen Berg mit schöner Aussicht"). Jeder entwirft in einer kurzen Stillarbeit eine Metapher. In der anschließenden metaphorischen Stafette werden sie vorgelesen.

Gruppenbildung: Je mehr Personen an einer Konferenz teilnehmen, desto dringlicher ist es, Problemsammlungen, Problemanalysen und Lösungskonstruktionen in Kleingruppen (6-8 Personen) durchzuführen. Als Möglichkeiten der Gruppenbildung bieten sich an: Zufallsauswahl (z. B. durch Abzählen) oder Kriterienauswahl nach Klassenstufen, Schulstufen, Fächern usw. Nicht zu empfehlen ist eine Gruppenbildung nach dem Sympathie-Antipathie-Prinzip.

Arbeitsformen

Abfrage auf Zuruf: Die Frage steht schon auf dem Flipchart. Die Teilnehmerinnen und Teilnehmer überlegen sich Antworten und rufen sie zu. Die moderierende Person lenkt den Prozess, die co-moderierende Person dokumentiert die Antworten auf dem Flipchart.

Bienenkorb: Nach einer schriftlichen (z. B. Text) oder mündlichen (z. B. Referat) Informationsphase tauschen sich die Teilnehmerinnen und Teilnehmer in Zweier- oder Dreiergruppen zwanglos über das Erfahrene aus und überlegen sich gegebenenfalls Fragen. Diese Fragen werden anschließend im Plenum bekannt gegeben und beantworten.

Einpunktabfrage: Die Teilnehmerinnen und Teilnehmer antworten auf eine visualisierte Frage mit dem Kleben eines Punktes. Beispielsweise steht auf dem Flipchart der Satz "Erfahrungen mit der Moderationsmethode sind …" und darunter die Antwortkategorien „sehr gut – gut – mäßig – schlecht – sehr schlecht".

Kartenabfrage: Den Teilnehmerinnen und Teilnehmern wird eine Frage vorgegeben. Sie schreiben ihre Antworten stichwortartig mit einem Filzstift deutlich lesbar auf Karten (pro Karte nur ein zentraler Gedanke). Die Karten werden von der moderierenden Person vorgelesen und im Konsens mit der Gruppe thematisch gruppiert. Jede Karten-Gruppe erhält einen treffenden Oberbegriff.

Mehrpunktabfrage: Sie ist eine Alternative zur Abstimmung. Sie dient dazu, Schwerpunkte zu ermitteln oder Entscheidungen zu treffen. Jeder Teilnehmer bekommt hierfür Klebepunkte. Die Zahl der Klebepunkte wird nach folgender Formel errechnet: Anzahl der Alternativen dividiert durch zwei.

Meinungsecken: Zu einem Thema, zu Entscheidungsalternativen oder zu einem Problem werden verschiedene Meinungen formuliert. Diese werden in verschiedenen Ecken des Raumes aufgehängt. Die Teilnehmerinnen und Teilnehmer ordnen sich den Meinungsecken selbst zu. Dort tauschen sie ihre Meinungen und Argumente aus. Anschließend trägt ein Gruppensprecher das Gesprächsergebnis im Plenum kurz vor.

Methode 66: Um ein Problem intensiver zu reflektieren, Ursachen zu suchen oder Ideen zu sammeln, kann ein Konferenzplenum kurzfristig in Gruppen aufgeteilt werden. Jeweils sechs Teilnehmerinnen und Teilnehmer finden sich in einer Gruppe zusammen und tauschen sich sechs Minuten aus. Das wichtigste Ergebnis (z.B. Lösungsvorschlag) wird von der Gruppe ans Plenum zurückgemeldet. Auf der Grundlage der Gruppenarbeitsergebnisse wird die Plenumarbeit fortgesetzt.

Stilles Schreibgespräch: An Stellwänden werden Plakate befestigt, auf denen jeweils eine Frage steht. Die Teilnehmerinnen und Teilnehmer schreiben ihre Antworten darauf. Während der Beantwortung darf nicht gesprochen werden. Anschließend werden die Antworten besprochen und zusammengefasst.

Themenspeicher: Sind beispielsweise durch die Kartenabfrage Themenschwerpunkte gefunden worden, an denen weitergearbeitet werden soll, empfiehlt sich eine übersichtliche Darstellung auf einem Flipchart. Falls eine Priorisierung notwendig erscheint, kann diese mit Hilfe einer Mehrpunktabfrage (s.o.) vorgenommen werden.

Pausen / Entspannungsübungen

Die Konzentrations- und Leistungsfähigkeit der Teilnehmerinnen und Teilnehmer ist begrenzt. Spätestens nach 1 1/2 Stunden ist eine Pause vonnöten. Die Teilnehmer sollen sich bewegen und frische Luft tanken können. Statt einer Pause oder zwischendurch können auch kurze Entspannungsübungen absolviert werden:

Stress loswerden

Sie stehen aufrecht mit leicht gespreizten Beinen.

Nun beginnen Sie den ganzen Körper, besonders Arme und Beine, zu schütteln.

Aller Stress darf nun abgeschüttelt werden.

Äpfel pflücken

Stellen Sie sich abwechselnd auf die Zehenspitzen des linken und dann des rechten Fußes und pflücken Sie mit ausgestreckten Armen Äpfel von einem Baum.

Muskelentspannung

Sitzen Sie locker und entspannt.

Atmen Sie langsam ein und spannen Sie parallel zur Einatmung Füße, Waden, Oberschenkel, Gesäß, Bauch, Brust, Rücken, Arme und Hände an.

Halten Sie mit der Anspannung acht Sekunden lang die Atmung an.

Lassen Sie mit einer langsamen Ausatmung alle Muskeln entspannen.

Zwischenbilanzen / Momentaufnahmen

Blitzlicht: Es wird die augenblickliche Stimmung festgestellt. Jede Person sagt kurz, wie sie sich momentan fühlt, wie zufrieden sie mit den bisherigen Arbeitsergebnissen ist und wie sie die Kommunikation erlebt.

Stimmungsbarometer: Auf einem Plakat steht oben der Satz „Ich fühle mich momentan …" und darunter befindet sich eine Skala mit den Kategorien "sehr gut – gut – mäßig – schlecht – sehr schlecht". Jeder visualisiert mit Hilfe eines Klebepunktes auf dieser Skala seine aktuelle Stimmung.

Schluss

Maßnahmenplan: Um gemeinsam erarbeitete Lösungsvorschläge wirksam in den Alltag umzusetzen, müssen sich die Teilnehmerinnen und Teilnehmer unter der Moderation der Gesprächsleitung darüber einig werden, wer was bis wann durchführt. Die Ergebnisse des Einigungsprozesses werden in eine Tabelle mit entsprechenden Spaltenüberschriften (Was? Wer? Wann?) eingetragen. Abschließend wird eine Erfolgskontrolle terminiert.

Abschlussblitzlicht: Die moderierende Person bittet um eine Antwort auf folgende Frage: "Wie war der heutige Tag für Sie? Geben Sie eine Stellungnahme in ein bis zwei Sätzen ab, ohne die Äußerungen der anderen zu kommentieren."

Literatur

Lipp, U./Will, H.: Das große Workshop-Buch. Konzeption, Inszenierung und Moderation von Klausuren, Besprechungen und Seminaren. Weinheim und Basel: Beltz 2000 (5. Aufl.).

Nissen, P./Iden, U.: Kurz(s)Korrektur Schule. Ein Handbuch zur Einführung der Moderations-Methode im System Schule für die Verbesserung der Kommunikation und des miteinander Lernens. Hamburg: Windmühle 1999.

Seifert, J.: Besprechungs-Moderation. Offenbach: Gabal 2000 (6. Aufl.).

Internet-Adressen

http://www.mangerseminare.de
http://www.metaplan.de
http://www.moderation.de

Monitoring → Bildungsmonitoring

Normalverteilung

Von C. F. Gauß erstmals berechnete eingipflige, symmetrische Häufigkeitsverteilung. Die Normalverteilungskurve hat die Form einer Glocke. Die meisten Werte
konzentrieren sich im mittleren Bereich, während sich am rechten und linken Rand
nur wenige Werte befinden. Die Häufigkeitsverteilung vieler psychologischer Grö-
ßen (z. B. Intelligenz) weist dieses typische Kurvenbild auf.

Open Space

Teilnehmerzentrierte Großgruppenveranstaltungs-Methode, die von H. Owen
(2001) entwickelt worden ist und 1–3 Tage dauert. Sie verzichtet bewusst auf das
übliche Quantum an Struktur und Programm. Vorgegeben wird nur das Leitthema
der Tagung, alles Übrige bestimmen die Teilnehmerinnen und Teilnehmer selbst.
Diese versammeln sich am Beginn der Tagung im offenen Raum und erhalten eine
kurze Einführung in das Ziel und den Ablauf der Tagung sowie in die Prinzipien der
Methode. Sie lauten:

1. Die da sind, sind genau die Richtigen.
2. Was auch immer geschieht, es ist das Einzige, was geschehen kann.
3. Es fängt an, wenn die Zeit reif ist.
4. Wir hören dann auf, wenn das Wesentliche besprochen und geklärt ist.

Die eigentliche Tagungsarbeit beginnt damit, dass jeder, der ein Thema in einer
Gruppe behandeln möchte, dies auf einem Themenblatt visualisiert, das an der
Themenwand befestigt wird.. Sind alle Themen genannt, dürfen sich die Teilneh-
merinnen und Teilnehmer in die jeweiligen Themenblätter eintragen. Auf den The-
menblättern ist auch vermerkt, wo welche Gruppe stattfindet. Dann kann die
Gruppenarbeit in Eigenregie beginnen. So genannte Einberufer sorgen für die
„Technik" und achten darauf, dass die Arbeitsergebnisse protokolliert werden. Am
Abend trifft man sich wieder im offenen Raum, tauscht die Ergebnisse aus, bewer-
tet den Prozess und klärt offene Fragen.

Länger als einen Tag braucht man, wenn mehr erwartet wird als nur ein Erfahrungsaustausch. Dann muss genügend Zeit in Anspruch genommen werden, um die ersten Ergebnisse im Dialog zu vertiefen oder zu klären, wer was tun muss, um sie in
den Alltag umzusetzen.

Literatur

Maleh, C.: Open Space: Effektiv arbeiten mit großen Gruppen. Weinheim und Basel: Beltz 2000.

Owen, H.: Open Space Technology. Ein Leitfaden für die Praxis. Stuttgart: Klett Cotta 2001.

Petersen, H.-C.: Open Space in Aktion. Kommunikation ohne Grenzen. Paderborn: Junfermann 2000.

Internetadressen

http://www.openspace.de

http://www.openspaceworld.org/german/

Operationalisierung

Ein zentraler Begriff wie „Schulqualität" lässt sich letztlich nur messen, wenn er operationalisiert wird. Unterbleibt das Greifbar-Machen dieses Begriffes, ist die Gefahr sehr groß, dass jeder darunter etwas anderes versteht.

Operationalisierung ist die Festlegung von Qualitätsdimensionen, Kriterien und Indikatoren. Insbesondere die Indikatoren müssen sehr konkret formuliert und beobachtbar sein. Sie zeigen an, was ein Kriterium konkret ist.

Die Operationalisierung des Begriffes „Schulqualität" läuft in drei Schritten ab:

Schritt 1: Wesentliche Qualitätsdimensionen festlegen (z. B. Schulführung, Unterricht, Schulklima)

Schritt 2: Für einzelne Qualitätsdimensionen Kriterien finden: (z. B. für Schulführung: Organisationsfähigkeit, Entscheidungsfähigkeit, Kommunikationsfähigkeit)

Schritt 3: Für einzelne Kriterien Indikatoren formulieren: (z. B. für Kommunikationsfähigkeit: hat ein offenes Ohr für Probleme; kann sich in Gesprächspartner gut einfühlen)

Sind sehr konkrete Indikatoren bestimmt, wird der Ausgangsbegriff messbar. Das heißt, dass sie in ein Messinstrument (z. B. Fragebogen), mit dem der Begriff empirisch erfasst wird, integriert werden können.

Literatur

Bortz, J./Döring, N.: Forschungsmethoden und Evaluation für Human- und Sozialwissenschaftler. Berlin, Heidelberg, New York: Springer 2002 (3. Aufl.).

Schnell, R./Hill, P.B./Esser, E.: Methoden der empirischen Sozialforschung. München und Wien: Oldenbourg 1999 (6. Aufl.).

Internet

http://www.lrz-muenchen.de/~wlm/ein_voll.htm

Operativ eigenständige Schule

Der Begriff „Operativ Eigenständige Schule" (OES) ist eine geeignete, ja sogar notwendige Alternative zum Begriff „Autonome Schule" (http://www.schule-bw.de/schularten/berufliche_schulen/stebs/271102AbtagVortragLorenz.pdf). Autonomie bedeutet im strengen Wortsinn „Eigengesetzlichkeit". Nach Artikel 7 Absatz 1 des Grundgesetzes steht das Schulwesen unter Aufsicht und Gesamtverantwortung des Staates, weshalb eine „eigengesetzliche" Schule nicht möglich ist.

Allerdings ist es möglich, die Eigenverantwortung, Eigenständigkeit und Gestaltungsfreiheit der einzelnen Schule bedeutsam zu erweitern. Dies hat bereits 1954 der Bildungsforscher Hellmut Becker gefordert. 1970 ist seine Forderung in den Strukturplan für das deutsche Bildungswesen aufgenommen worden. Damals empfahl der Bildungsrat, der einzelnen Schule mehr Kompetenzen im pädagogischen und administrativen Bereich zu übertragen. Eine Renaissance erlebte die Forderung des deutschen Bildungsrats im Verlauf der 90er Jahre. Zum einen resultierte sie aus der Erkenntnis der Schulqualitätsforschung, dass die gute Schule weniger auf der politischen und administrativen Makroebene, sondern vielmehr auf der Mikroebene der Einzelschule verwirklicht wird. Zum anderen ist klar geworden, dass viele detaillierte Entscheidungen nur lokal getroffen und viele Probleme nur lokal gelöst werden können.

Die „neue Freiheit", die eine einzelne Schule erhalten kann, ist aus Sicht des holländischen Bildungsreformers Theo Liket (1993) eine operative Eigenständigkeit im Kontext staatlicher Zielvorgaben. Der Staat behält dieses Recht, Ziele vorzugeben, weil er die Vergleichbarkeit von Bildungsabschlüssen und den Schutz legitimer Interessen gewährleisten muss.

Operative Eigenständigkeit bedeutet die Übertragung relativer Verantwortung bei der Strukturierung der Unterrichtszeit, bei der Auswahl curricularer Inhalte, bei der Verwendung von Budgetmitteln oder bei der Einstellung des Lehrpersonals. Wichtig ist, dass sich der Staat dort, wo er Freiheiten gewährt, die Schule selbstständig handeln lässt und nicht in das operative Geschäft eingreift.

Der Staat beschränkt sich auf die Ressourcenzuweisung, auf die Formulierung zentraler *Bildungsstandards*, auf die Beratung und Unterstützung, auf die externe Evaluation und das daraus resultierende Controlling sowie auf die Intervention bei gravierenden Normabweichungen. Wichtig zu wissen ist auch, dass in allen Ländern, die ihren Schulen operative Freiheit gewähren, eine Pflicht zur *Rechenschaftslegung* besteht.

In einem Schulsystem, in dem die Schulen operativ eigenständig sind, muss sehr viel Mühe darauf verwendet werden, zentrale und dezentrale Steuerungsmaßnahmen in ein ausgewogenes Verhältnis zu bringen.

Literatur

Liket, T.: Freiheit und Verantwortung. Gütersloh: Bertelsmann Stiftung 1993.

Rolff, H. G.: Schulaufsicht und Administration in Entwicklung. In: Altrichter, H./Schley, W./ Schratz, M. (Hrsg.): Handbuch zur Schulentwicklung. Innsbruck und Wien: Studien Verlag 1998.

Internetadressen

http://members.teleweb.at/i.bessenyei/liket.htmliket

Organigramm

Grafische Darstellung der *Aufbauorganisation* einer Schule. Es macht die Hierarchie bzw. die Regelung der Zuständigkeiten nach innen und nach außen transparent.

Organisationsentwicklung

Mitte des 20. Jahrhunderts gelangten Sozial- und Wirtschaftswissenschaftler zur Erkenntnis, dass sich das Arbeitsklima und die Arbeitsproduktivität nur verbessern lassen, wenn man Mitarbeiterinnen und Mitarbeiter an Änderungsprozessen beteiligt werden. Man führte Mitarbeiterbefragungen durch, deren Ergebnisse im Gegensatz zur bisherigen Praxis nicht vom Management allein, sondern in Zusammenarbeit mit der Belegschaft ausgewertet wurden (Daten-Rückkoppelungs-Methode). Aus den Vorlaufversuchen der späten vierziger und der frühen fünfziger Jahre entstand das Konzept der Organisationsentwicklung (OE).

Bildet man den kleinsten gemeinsamen Nenner der verschiedenen Ansätze, so versteht man unter Organisationsentwicklung den systematischen Prozess der Veränderung der Kultur und des Verhaltens von Organisationen durch gemeinsame Ist-Analyse, Änderungsplanung, Änderungsarbeit und Erfolgskontrolle.

Dem Konzept der Organisationsentwicklung liegen folgende Annahmen zugrunde:

- Sie fühlt sich dem humanistischen Menschenbild verpflichtet. Sie betrachtet den arbeitenden Menschen nicht als funktional, sondern möchte ihm helfen, in seiner Tätigkeit Sinn zu finden, seine Fähigkeiten und Interessen zu entfalten und Verantwortung für das Ganze zu übernehmen.

- Sie beteiligt die Mitarbeiterinnen und Mitarbeiter aktiv an der Veränderung ihrer Organisation. Sie macht die Betroffenen zu Beteiligten.

- Sie begreift sich nicht nur als Kopfarbeit im Sinne von gemeinsamem Reflektieren, sondern sie möchte auch das Befinden und die Kommunikation der Mitarbeiter verändern.

- Sie richtet ihr Hauptaugenmerk auf den Prozess beziehungsweise auf die Frage, wie die gemeinsame Änderungsarbeit in Gang kommt, wie sie voranschreitet und wie sie aufrechterhalten werden kann.

Typische Anlässe einer Organisationsentwicklung können sein:

• Verschlechterung des Organisationsklimas
• Zunahme von Konflikten
• Absinken der Arbeitsidentifikation und Arbeitsmotivation
• Rückgang der Produktivität
• Unzufriedenheit mit der Führung.

Anstöße für einen Entwicklungsprozess können geben:

• Management (*top-down*)
• Organisationsbasis (*bottom-up*)
• interne Spezialisten.

Aus Erfolgskontrollen und Wirksamkeitsanalysen geht hervor, dass die Entwicklungsmaßnahmen in der Mehrzahl zu signifikanten Verbesserungen des Arbeitsklimas und der Arbeitsproduktivität führen.

Literatur

Beucke-Galm, M./Fatzer, G./Rutrecht, R. (Hrsg.): Schulentwicklung als Organisationsentwicklung. Köln: Edition Humanistische Psychologie 1999.

Gairing, F.: Organisationsentwicklung als Lernprozess von Menschen und Systemen. Weinheim: Deutscher Studienverlag 1999 (2. Aufl.).

Trebesch, K.: Organisationsentwicklung. Konzepte, Strategien, Fallstudien. Stuttgart: Klett Cotta 2000.

Internetadressen

http://www.eos.at
http://www.ifs.uni-dortmund.de
http://www.zoe.ch

Organisationslernen

Es gibt die alten Organisationen mit starren Hierarchien, die zur Umwelt fest abgeschlossen und wenig lernbereit sind. Und es gibt die Lernende Organisation, die die Betroffenen zu Beteiligten macht, zur Umwelt hin offen ist und ein hohes Maß an Lernbereitschaft aufweist.

Für Peter Senge (2001) ist sie ein Ort, an dem Menschen fortlaufend ihre Fähigkeiten und Lernstrategien erweitern, um etwas zu schaffen, das sie sich tatsächlich wünschen und wo neue Denkmodelle und Visionen entstehen. Nur die Lernende Organisation wird langfristig mit dem externen Wandel Schritt halten können. Zentrale Form des Lernens in Organisationen ist der Dialog. Dialog heißt: gemeinsames Denken der Organisationsmitglieder (*Dialog-Methode*).

Nach Peter Senge hat die Lernende Organisation fünf Disziplinen:

• Systemdenken: ganzheitliches Denken und systematisches Erkennen von grundlegenden Strukturen

- Personal Mastery: stetiges Klären und Entwickeln des eigenen Könnens und der eigenen Visionen
- Mentale Modelle: tief verwurzelte Bilder von der Wirklichkeit
- Gemeinsame Vision: gemeinsame Bilder von der Zukunft und ihren Möglichkeiten
- Teamlernen: gemeinsames Denken und Handeln

Die wichtigste dieser fünf Disziplinen ist das Systemdenken. Aufgabe des Systemdenkens ist es, herauszufinden, wo sparsame Interventionen zu signifikanten Verbesserungen und Entwicklungen führen können. Hilfreich beim Systemdenken ist die Beachtung von Gesetzmäßigkeiten, die Peter Senge bei der Analyse von Organisationen und Prozessen entdeckt hat.

1. Die Lösungen von gestern sind die Probleme von heute.

Einmal erfolgreiche Lösungen werden kontinuierlich und unbedacht auf neue Probleme übertragen. Diese perpetuierten Muster werden erst dann hinterfragt, wenn das System in eine größere Krise gerät. Häufig sind diejenigen, die das Muster erfunden haben, gar nicht mehr in der Organisation. Das heißt, es gibt Lösungsmuster, die „weitervererbt" werden.

2. Je mehr man sich anstrengt, desto schlimmer wird es.

Je mehr in einer Organisation Änderungsdruck erzeugt wird, desto größer wird der Widerstand. Die Bedenkenträger verweisen auf die guten Traditionen. Der Fehler beim Innovieren besteht oft darin, dass das bisher Gute zu wenig anerkannt wird.

3. Das Verhalten verbessert sich, bevor es sich verschlechtert.

Besondere Kraftanstrengungen ohne Hebelwirkung verbessern kurzfristig die Wirkung des alten Lösungsmusters. Nach einer kurzfristigen Besserung kehrt das alte Problem zurück, meist in schlimmerer Form.

4. Der bequemste Ausweg erweist sich zumeist als Drehtür.

Der Hebel der Veränderung wird gerne, oft mit vertrauen Lösungsverfahren, dort angesetzt, wo es niemandem wehtut. Man hat große Scheu vor Lösungen, die zu qualitativen und strukturellen Änderungen des Systems führen.

5. Die Therapie kann schlimmer sein als die Krankheit.

Manche Lösung verschärft rasch das Problem. Im Gefolge davon entsteht Kopflosigkeit. Noch mehr derselben unwirksamen Lösungsverfahren werden blindlings angewandt. Zurück bleibt ein Scherbenhaufen.

6. Schneller ist langsamer.

Aus der Geschichte vom Hasen und Igel können wir lernen, dass nicht immer der Schnellste den Wettlauf gewinnt. Impulsive Änderungen überfordern Organisationen und Personen. Wer ein System verändern möchte, muss die Änderungsgeschwindigkeit zuvor genau kalkulieren.

7. Ursache und Wirkung liegen räumlich und zeitlich nicht nahe beieinander.

Zwischen den Ursachen und ihren Wirkungen liegen oft weite Strecken und lange Zeiten. Dies wird beim Entwurf von Interventionen manchmal nicht bedacht. Wer etwas ändern möchte, muss deshalb die Problemursachen gründlich diagnostizieren.

8. Kleine Veränderungen können eine Riesenwirkung haben – aber die Maßnahmen mit der stärksten Hebelwirkung sind häufig zugleich die unauffälligsten.

Auch sehr schwierige Probleme kann man lösen, wenn man herausfindet, wo das Ansetzen des Hebels zu großen Wirkungen führt. Es ist möglich, Lösungen zu konstruieren, die mit wenig Energieaufwand und Widerstand umgesetzt werden können.

9. Sie können den Kuchen essen und behalten – nur nicht gleichzeitig.

Viele Problemlösungen scheitern deshalb, weil wir in Entweder-Oder-Kategorien denken. Zum Beispiel glaubt man, dass Produkte mit hoher Qualität immer mit höheren Produktionskosten verbunden sind. Dennoch gibt es Hersteller, denen es gelungen ist, durch neue Fertigkeiten und Verfahren kostengünstige Qualitätsprodukte zu erzeugen. Wenn man sich Zeit lässt, kann man beide Komponenten eines Problems verbessern.

10. Wer einen Elefanten in zwei Hälften teilt, bekommt nicht zwei kleine Elefanten.

Organisationsprobleme müssen im Kontext der Gesamtorganisation betrachtet werden. Dann kann man das Zusammenspiel von Faktoren bei der Problemverursachung erkennen. Und wer dieses Zusammenspiel herausfindet, weiß auch, wo man den Hebel der Veränderung ansetzen muss.

11. Niemand ist schuld.

Es ist falsch, Probleme von großer Reichweite hauptsächlich durch die Suche von Schuldigen und Sündenböcken zu lösen. Besser ist es, nach Strukturen zu suchen, die ständig Probleme erzeugen.

Literatur

Argyris, C./Schön, D. A.: Lernende Organisationen. Stuttgart: Klett-Cotta 1999.

Fullan, M.: Die Schule als lernendes Unternehmen. Stuttgart: Klett-Cotta 1999.

Senge, P.: Die fünfte Disziplin. Kunst und Praxis der lernenden Organisation. Stuttgart: Klett-Cotta 2001 (8. Aufl.).

Internetadressen

http://www.io-d.de
http://sol-ne.org/

Outcome

Längerfristige Wirkung eines Prozesses oder einer Maßnahme. Von einem guten Outcome kann beispielsweise gesprochen werden, wenn ein systematisches soziales Kompetenztraining in den Klassen 5 und 6 sich dahingehend auswirkt, dass dissoziale Störungen in den Klassen 8 und 9 nicht mehr im bisher registrierten Maße auftreten.

Output

Mengenmäßiges Ergebnis eines Prozesses oder einer Maßnahme. Dies kann beispielsweise die Zahl der Schülerinnen und Schüler einer Schule sein, die am Ende eines Schuljahres das Abitur bestehen. Sie sagt allerdings noch nichts über die längerfristige Wirkung des Ergebnisses aus. Erst eine Evaluation des Studien- und Berufserfolgs kann darüber Auskunft geben, ob aus dem Output ein ertragreicher *Outcome* geworden ist.

Pädagogisches Konzept

Das pädagogische Konzept besteht aus gemeinsam erarbeiteten und getragenen Grundsätzen, die der Verwirklichung der Bildungs- und Erziehungsziele dienen. An ihnen richtet sich das pädagogische Handeln eines Kollegiums aus. Eine Schule, die über ein pädagogisches Konzept verfügt, kann ein gutes Schulklima schaffen, das Lern- und Sozialverhalten der Schüler wirksam fördern, ein reges Schulleben entfalten und mit dem Umfeld gut kooperieren. Solche Grundsätze können lauten:

- Wir verdeutlichen die Normen des Zusammenlebens und reagieren bei gravierenden Grenzüberschreitungen konsequent.
- Bei anhaltenden Lern- und Verhaltensschwierigkeiten nehmen wir frühzeitig Kontakt mit dem Elternhaus auf.
- Wir legen Wert auf Pünktlichkeit und Ordnung, sowohl bei uns als auch bei den Schülerinnen und Schülern.
- Wir bemühen uns um einen interessanten und abwechslungsreichen Unterricht.
- Wir lehren den Schülerinnen und Schülern das Lernen in enger Anlehnung an die Stoffvermittlung.
- Wir erwarten, dass die Schülerinnen und Schüler Hausaufgaben machen und kontrollieren deren Erledigung.
- Wir geben Schülerinnen und Schülern Gelegenheit zum Feedback.
- Für persönliche Anliegen der Schülerinnen und Schüler haben wir ein offenes Ohr.
- Wir bemühen uns um schüleraktive Unterrichtsformen.
- Wir ermöglichen den Schülerinnen und Schülern die Gestaltung ihrer Lernumwelt
- In Konfliktsituationen achten wir auf einen fairen Umgang.
- Schwerwiegende Disziplinkonflikte analysieren und lösen wir gemeinsam.
- Wir sind neuen Ideen und Methoden gegenüber aufgeschlossen.
- Konflikte tragen wir offen aus. Wir reden nicht übereinander, sondern miteinander.

● Wir entwickeln unser Repertoire durch regelmäßige schulinterne Lehrerfortbildung weiter.

● Positives Lern- und Sozialverhalten fördern wir durch Lob, Ermutigung und Wertschätzung.

● Wir legen Wert auf ein reges Schulleben.

● Wir verdeutlichen den Eltern unsere Ziele, Erwartungen und Grenzen.

Es gibt Schulen, die durch intensive Reflexion und planvolle Gestaltung ein pädagogisches Konzept entwickeln und es im Sinne von Zielklarheit allen Beteiligten deutlich sichtbar machen. Solche Schulen sind momentan eher in der Minderheit. Es wäre falsch, nun zu schlussfolgern, dass die anderen Schulen konzeptionslos sind. In den Köpfen ihrer Lehrer befinden sich ebenfalls pädagogische Vorstellungen und Grundsätze. Weichen diese nicht zu stark voneinander ab, ist es durchaus möglich, dass die Schule über ein implizites, stilles pädagogisches Konzept verfügt, das zwar zufällig entstanden ist, aber trotzdem einen guten Handlungskonsens erzeugt. In dem Maße, in dem die Konzeptbildung dem Zufall überlassen bleibt, wächst jedoch die Gefahr, dass die individuellen pädagogische Zielsetzungen und Handlungen zu stark divergieren, isolierte Verantwortlichkeiten entstehen, Grenzen unterschiedlich gezogen werden und das Kollegium in einen fragmentären Zustand gerät. In der konzeptionslosen Schule häufen sich, dies ist ein eindeutiges Ergebnis der Schulqualitätsforschung, Lern- und Disziplinprobleme sowie Konflikte auf allen Beziehungsebenen.

An Ursachen, die ein wirksames pädagogisches Konzept verhindern, werden immer wieder genannt:

● zu große Variation der Einstellungen und Überzeugungen
● zu wenig Gelegenheit zum Austausch von Ideen, Erfahrungen, Konzepten
● schlechtes Kommunikationsklima
● Einzelkämpfertum
● Fachegoismus
● Zeitmangel
● initiativlose Schulleitung

Jede Schule sollte von Zeit zu Zeit (etwa alle fünf Jahre) eine Ist-Analyse ihres pädagogischen Konzepts durchführen. Diese Maßnahme, die in der Regel von einer externen Fachkraft (Schuleraterin, Schulberater) begleitet wird, erfolgt meist im Kontext einer inneren Schulentwicklung. Innere Schulentwicklung heißt systematische Selbsterneuerung unter Beteiligung aller.

Da die pädagogischen Vorstellungen der Kollegiumsmitglieder meist impliziter Art sind, müssen sie zunächst explizit gemacht werden. Hierzu bietet sich eine *Stärken-Schwächen-Analyse* an, die folgendermaßen ablaufen kann:

Das Kollegium teilt sich in Gruppen auf und bearbeitet zwei Leitfragen:

● Was sind die Stärken unseres pädagogischen Handelns?
● Wo liegen die Schwächen unseres pädagogischen Handelns?

Die Ergebnisse werden auf Postern visualisiert. Im Plenum werden die Gruppenarbeitsergebnisse ausgetauscht und zu einer Bestandsaufnahme zusammengefügt.

In einer weiteren Gruppenarbeitsphase wird erörtert, wie die Schwächen im Hinblick auf die Weiterentwicklung des pädagogischen Konzepts abgebaut werden können. Im Plenum werden die Änderungsvorschläge dann vorgestellt, nach ihrer Realisierbarkeit bewertet und in einen pädagogischen Konsens integriert. Dieser umfasst Grundsätze und Ziele, an denen sich das pädagogische Handeln künftig ausrichten soll. Er ist nicht als Konformitätszwang zu verstehen, sondern als Orientierungsrahmen. Erreichbar ist er nie gänzlich, sondern nur graduell.

Der Ist-Analyse und Änderungsplanung muss die Realisierung folgen. Konkret bedeutet dies, dass alle Kollegiumsmitglieder die vereinbarten pädagogischen Grundsätze in der täglichen Erziehungs- und Unterrichtsarbeit umzusetzen versuchen. Entscheidend gefördert wird die Verwirklichung durch eine intensive *kollegiale Kommunikation* und Kooperation sowie regelmäßige gemeinsame Reflexion.

Die Umsetzung der Änderungsmaßnahmen sollte von einer Steuergruppe, der die Schulleitung und Vertreter des Kollegiums angehören, beobachtet und koordiniert werden. Falls es zu Umsetzungsschwierigkeiten kommt, kann die externe Begleitperson angefordert werden.

Spätestens nach einem halben Schuljahr ist eine Bilanzierung fällig. Es wird gemeinsam erörtert, welche Ziele verwirklicht werden konnten und welche nicht, warum es zu Schwierigkeiten gekommen ist, welche Auswirkungen auf das kollegiale Miteinander, auf das Schulklima, auf das Lern- und Sozialverhalten der Schüler zu beobachten sind. Gegebenenfalls muss das „Startkonzept" modifiziert werden.

Wenn eine Schule sich auf den Weg der Selbsterneuerung begibt und sich an die Zielvereinbarungen hält, kommt es über kurz oder lang zu entscheidenden Verbesserungen im Erscheinungsbild, im Klima, in den Beziehungen, in den Leistungen. Diese dauern lange an.

Aus den Evaluationen geht immer wieder hervor, dass im Verlauf einer Schulkonzeptentwicklung die individuellen Ressourcen und Fähigkeiten im Sinne einer Synergie gebündelt werden. Das heißt, es ist möglich, ein gemeinsames Ganzes zu schaffen.

Literaturhinweise

Keller, G.: Wir entwickeln unsere Schule weiter. Praxisleitfaden für die Innere Schulentwicklung. Donauwörth: Auer 1997.

Rutter, M. et al.: Fünfzehntausend Stunden – Schulen und ihre Wirkungen auf Kinder. Weinheim und Basel: Beltz 1980.

Internetadressen

http://www.ifs.uni-dortmund.de
http://www.inis.stiftung.bertelsmann.de

Peer Review

Wenn eine Schule gleichgestellte externe Fachleute (kritische Freunde) einlädt und sich von diesen freiwillig evaluieren lässt, spricht man von Peer Review. Bei den Externen handelt es sich meist um Kolleginnen und Kollegen anderer Schulen, weshalb diese Form der Schulevaluation auch als kollegiale Evaluation bezeichnet wird. Nachfolgend wird aufgezeigt, wie dieses Evaluationsverfahren ablaufen kann:

1. Die Schule entscheidet sich, „kritische Freunde" mit der Bitte um Rückmeldung und Rückspiegelung einzuladen.
2. Es wird geklärt, ob sich das Review auf die ganze Schule oder Teilbereiche bezieht.
3. Es wird geklärt, ob das Review-Team aus Lehrpersonen einer anderen Schule oder aus Personen verschiedener Institutionen besteht.
4. Mit dem Review-Team werden ca. vier Wochen vorher die Review-Ziele festgelegt und der Review-Ablauf geplant.
5. Die „kritischen Freunde" führen *Unterrichtshospitationen, Interviews* und einen *Schulrundgang* durch.
6. Am selben Tag oder kurz danach werden die Wahrnehmungen zurückgespiegelt.
7. Das *Feedback* wird in einer Lehrerkonferenz ausgewertet und es werden daraus Verbesserungsmaßnahmen abgeleitet.

Wichtig ist, dass die kollegialen Evaluatoren nicht als Experten auftreten, die Änderungsrezepte verschreiben, sondern als Feedbackgeber. *Feedback* geben heißt, der Schule zurückgeben, wie man die Schulqualität wahrgenommen hat.

Literatur

Hahne-Stiegelbauer, B./Peters, D.: Schulen evaluieren Schulen. In: Landesinstitut für Schule und Weiterbildung (Hrsg.): Lernfall externe Evaluation. Böhnen: Kettler 1997.

Watschinger, J./Schenk, V./Zangerle, R.: Mit kritischen Freunden unterwegs. Bozen: Pädagogisches Institut der deutschen Sprachgruppe 1999.

Internetadresse

http://www.gymliestal.ch/peerreview.pdf

Personalentwicklung

Schulentwicklung besteht nicht nur aus Organisations- und Unterrichtsentwicklung, sondern auch aus Personalentwicklung. Nur ein motiviertes und qualifiziertes Personal kann bewirken, dass Ziele der schulischen Qualitätsentwicklung in eine gute pädagogische Arbeit umgesetzt werden.

Unter Personalentwicklung versteht man die Förderung beruflicher Kenntnisse, Fertigkeiten und Einstellungen durch Fortbildung, Beratung und Arbeitsgestaltung (Ryschka/Solga/Mattenklott 2005). Sie sollte auf die strategischen Ziele der Organisation ausgerichtet sein. Und sie muss sich auf alle Hierarchieebnen beziehen. Maßnahmen der Personalentwicklung können am Arbeitsplatz, an auswärtigen Trainingsorten oder online stattfinden.

Buhren/Roff (2002) konstatieren, dass systematische Personalentwicklung in der Schule Neuland ist. Sie vermissen bei vielen Schulen ein explizites Konzept, aus dem hervorgeht, wie die einzelnen Lehrpersonen und das gesamte Kollegium gefördert werden können.

Wenn eine Schule die fachlichen, methodischen und sozialen Kompetenzen der Lehrpersonen gezielt weiterentwickeln möchte, ist eine schulinterne Fortbildungsbedarfsanalyse der erste Schritt. Durch schriftliche Befragung und Gruppeninterviews kann sie erheben, welche Fortbildungsangebote notwendig sind. Ist diese Datenbasis vorhanden, kann im nächsten Schritt überlegt werden, wie die einzelnen Qualifizierungen verwirklicht werden können. In Frage kommen:

- pädagogische Tage
- pädagogische Nachmittage
- schulinterne Fortbildungsreihe
- schulinterne *Supervision*
- *Intervision*
- *Teamentwicklung*
- *Coaching*
- externe Supervision
- halbtägige regionale *Lehrerfortbildung*
- ganztägige regionale *Lehrerfortbildung*
- mehrtägige Lehrerfortbildung an Akademien

Damit die Teilnahme an externen Fortbildungen Früchte trägt, sollte der Schulleiter mit der Lehrperson ein Rückkehrgespräch führen. In diesem Gespräch muss geklärt und vereinbart werden,

- was umgesetzt wird
- welche Unterstützung notwendig ist
- wann eine Erfolgskontrolle stattfindet.

Personalentwicklungsmaßnahmen sind auch im *Mitarbeitergespräch* zu thematisieren. Dies kann problemorientiert geschehen, wenn die Lehrperson zum Beispiel deutliche Defizite im Bereich der Klassenführung aufweist und gemeinsam überlegt wird, wie diese behoben werden können (z. B. externe Supervision). Es kann aber auch zukunftsorientiert vorgenommen werden, wenn es darum geht, eine bereits vorhandene Stärke weiter zu stärken. Beispielsweise motiviert der Schulleiter eine schülerorientierte Lehrperson, sich zum Beratungslehrer weiterzuqualifizieren zu lassen. Egal, was der Anlass der Thematisierung ist, am Ende der Überlegungen steht eine *Zielvereinbarung* über die Entwicklungsmaßnahme.

Literatur

Becker, M.: Personalentwicklung. Stuutgart: Schäffer-Poeschel 2002.

Buhren, C./Rolff, H. G.: Personalentwicklung in Schulen. Weinheim und Basel: Beltz 2002.

Ender, B./Strittmatter, A.: Personalentwicklung als Schulleitungsaufgabe. Innsbruck: Studien Verlag 2001.

Ryschka, J./Solga, M./Mattenklott, A. (Hrsg.): Praxishandbuch Personalentwicklung. Instrumente, Konzepte, Beispiele. Wiesbaden: Gabler 2005.

Internetadressen

http://www.sachsen-macht-schule.de/personalentwicklung

http://www.learn-line.nrw.de/angebote/schulleitungnrw/materialien/personal/personalentwicklung.html

Pflichtenheft

Verbindliche und präzise Beschreibung zu erfüllender Aufgaben, die im Prozess einer schulischen *Qualitätsentwicklung* zu erfüllen sind. Beispielsweise wird genau festgelegt, für was die Schulleitung, die *Steuergruppe* und die Projektgruppen verantwortlich sind. Ein Pflichtenheft schafft Klarheit und beugt Prozesskonflikten vor.

PISA

Programme for International Student Assessment. Ziel dieser internationalen Schulleistungsvergleichsstudie der Organisation für wirtschaftliche Zusammenarbeit und Entwicklung OECD ist es, basale Kompetenzen der nachwachsenden Generation in drei Erhebungszyklen zu erfassen:

- 2000 (Schwerpunkt Lesekompetenz)
- 2003 (Schwerpunkt mathematische Grundbildung)
- 2006 (Schwerpunkt naturwissenschaftliche Grundbildung)

In der ersten Erhebung wurden 180000 Fünfzehnjährige aus 32 Staaten untersucht. Darunter waren circa 5000 Schülerinnen und Schüler aus Deutschland. Zusätzlich zu diesen Probanden wurde in Deutschland die Stichprobe erweitert auf mehr als 50000 Schülerinnen und Schüler zum Zwecke eines Vergleichs zwischen den Bundesländern. Getestet wurden die Lesekompetenz (Reading Literacy), die mathematische Grundbildung (Mathematical Literacy), die naturwissenschaftliche Grundbildung (Scientific Literacy) sowie fächerübergreifende Kompetenzen.

Die deutschen Schülerinnen und Schüler landeten in allen untersuchten Leistungsbereichen im unteren Drittel:

- Lesekompetenz: Rang 21 von 32
- Mathematische Grundbildung: Rang 20 von 32
- Naturwissenschaftliche Grundbildung: Rang 20 von 32

Beim Lesen erzielten die deutschen Schülerinnen und Schüler im schwachen Leistungsbereich negative Spitzenwerte. Eine Problemgruppe von 23% hatte das schlechte Abschneiden der deutschen Stichprobe in besonderem Maße verursacht.

Die Spitzengruppe der deutschen Schülerinnen und Schüler zeigte im Lesen vergleichbare Leistungen wie die durchschnittliche Spitzengruppe der anderen Länder. 10% der deutschen Schülerinnen und Schüler lagen in der untersten Stufe der Lesekompetenz. Sie waren kaum in der Lage, Texten einfache Informationen zu entnehmen. Diese Risikogruppe der schlechten Leserinnen und Lesern bestand überwiegend aus männlichen Haupt- und Sonderschülern.

Bezüglich der Lesekompetenz sind in Deutschland die Geschlechtsunterschiede besonders deutlich. Jungen lasen gravierend schlechter als Mädchen. 60% der männlichen Jugendlichen erwiesen sich als buchabstinent.

Fast jeder vierte Fünfzehnjährige befand sich im Rechnen nur auf Grundschulniveau. Hier besteht die Gefahr, dass die Anforderungen einer Berufsausbildung nicht bewältigt werden. Rund ein Viertel kam bei den Naturwissenschaftsleistungen über die unterste Kompetenzstufe nicht hinaus. Die Differenz der Leistungsunterschiede zwischen dem Gymnasium und der Hauptschule war hier beträchtlich.

In allen Kompetenzbereichen fiel auf, dass die deutschen Schülerinnen und Schüler sich dort schwer taten, wo problemlösendes Denken verlangt wurde. Es waren Aufgaben, bei denen Bewerten, Reflektieren, Herstellen von Beziehungen, Denken mit Modellen und Argumentieren erforderlich waren.

Bezüglich des Lernstrategiewissen und der Strategienutzung waren die deutschen Schülerinnen und Schüler im internationalen Vergleich gut positioniert. Besondere Defizite wiesen lediglich die Hauptschülerinnen und Hauptschüler auf.

Aus den Ergebnissen geht klar hervor, dass ein gutes Schulklima allein kein Garant für gute Schulleistungen ist. Die Schulleistungen waren dort besser, wo sich Schülerinnen und Schüler gefordert fühlten. Außerdem erwies sich eine gute Schuldisziplin als ein zusätzlicher leistungsförderlicher Faktor. Zwischen der Schulgröße sowie der Klassengröße und dem Leistungsniveau gab es keinen signifikanten Zusammenhang.

Deutschland wies die größte Spannweite zwischen guten und schlechten Schülerinnen und Schülern auf. Auch zwischen den untersuchten Schulen war das Qualitätsgefälle sehr groß. In kaum einem anderen Land beeinflusste die soziale Herkunft das Zustandekommen des Schulerfolgs so stark wie in Deutschland. Beim Vergleich der Leistungen von Jugendlichen aus Migrantenfamilien mit den Leistungen von Jugendlichen aus einheimischen Familien schnitt Deutschland international sehr schlecht ab. In Ländern mit vergleichbarer Migrationsstruktur waren die Leistungsdifferenzen signifikant geringer.

Fast 50% der Jugendlichen aus Migrantenfamilien lagen im Lesen unterhalb der niedrigsten Kompetenzstufe, obwohl 70% in Deutschland eingeschult wurden.

Länder mit einem stark selektiv ausgerichteten Schulsystem zeigten schlechtere Leistungen. Frühe äußere Differenzierung und Sitzenbleiben scheinen sich als Maßnahmen der Leistungsförderung weniger gut zu eignen.

In vielen Ländern mit guten PISA-Ergebnissen ist der Wandel der Schulverwaltung von der traditionellen Aufsicht zum qualitätssichernden Service wesentlich weiter vorangeschritten als in Deutschland.

Im Zentrum von PISA II, durchgeführt im Jahr 2003, stand die mathematische Kompetenz, während das Leseverständnis, die Naturwissenschaften und das fächerübergreifende Problemlösen in geringerem Umfang geprüft wurden. Die deutschen Schülerinnen und Schüler schnitten diesmal etwas besser ab als diejenigen, die im Jahr 2000 getestet wurden. Sie belegten in der Wertung der 29 OECD-Staaten in Mathematik Rang 17 (2000: Rang 20), im Lesen Rang 20 (2000: Rang 21), in den Naturwissenschaften Rang 16 (2000: Rang: 20) und im erstmals geprüften fächerübergreifenden Problemlösen Rang 13. Vergleicht man die Ergebnisse in den einzelnen Kompetenzbereichen miteinander, so fällt auf, dass das kognitive Grundpotenzial, gemessen mit dem Problemlösetest, deutlich besser war als das fachbezogene Wissen und Verständnis. Als Sorgenkompetenz erwies sich in PISA II erneut das Lesen. 22 % landeten im unteren Kompetenzbereich, im internationalen Schnitt hingegen nur 17 %. Und auch in PISA II zeigte sich klar, dass Kinder aus sozial schwachen Familien besonders schlechte Bildungschancen haben.

Literatur

Deutsches PISA-Konsortium (Hrsg.): PISA 2000. Basiskompetenzen von Schülerinnen und Schülern im internationalen Vergleich. Opladen: Leske + Budrich 2001.

OECD: Knowledge and skills for life: First results from PISA 2000. Paris: Autor 2001.

PISA-Konsortium Deutschland (Hrsg.): PISA 2003. Bildungsstand der Jugendlichen in Deutschland – Ergebnisse des zweiten internationalen Vergleichs. Münster: Waxmann 2004.

Internetadressen

http://www.mpib-berlin.mpg.de/Pisa/

http://www.pisa.admin.ch

http://www.pisa-austria.at

Projektmanagement

Ein Projekt ist ein zeitlich begrenztes Vorhaben mit genauen Vorgaben. In Qualitätsentwicklungsprozessen werden Projekte durchgeführt, um Verbesserungsmaßnahmen umzusetzen. Beispielsweise möchte eine Schule ein Leitbild entwickeln, um nach innen und nach außen mehr Zielklarheit zu schaffen.

Grundvoraussetzung für den Projekterfolg ist ein zielklarer Projektplan. Aus diesem ist zum einen zu ersehen, wer was wann erledigen muss. Zum anderen besteht er auch aus einer realistischen Ressourcenplanung. Das heißt, es müssen die notwendigen materiellen und personellen Mittel zur Verfügung stehen.

Schließlich gibt der Projektplan auch Auskunft darüber, an welchen markanten Stellen des Projektverlaufs welche Zwischenergebnisse zu erwarten und zu überprüfen sind. Der Termin, an dem dieses Controlling stattfindet, wird Meilenstein genannt.

Ein Projektplan kann nur dann wirksam realisiert werden, wenn es einen kompetenten Projektleiter gibt. Dieser ist für das Projekt inhaltlich und terminlich verantwortlich. Er führt kooperativ und sorgt für eine gute arbeitsförderliche Atmosphäre. Er steuert und überwacht den Projektablauf. Und er achtet auf einen permanenten und transparenten Informations- und Dokumentationsfluss.

Wer zum Projektteam gehört, muss bei der Festlegung der Projektorganisation entschieden werden. Bei der Bildung des Projektteams kommt es auf eine gute Mischung an. Das heißt, unterschiedliche Stärken müssen sich wechselseitig ergänzen. Man braucht Ideenfinder, Motivatoren, Beziehungspfleger, Spezialisten und kritische Geister.

Im Verlauf des Projekts muss immer wieder eine Zwischenbilanz durchgeführt werden. Verantwortlich hierfür ist der Projektleiter, der zusammen mit den Projektmitarbeitern zwei zentrale Fragen beantwortet:

- Was ist erreicht worden?
- Wo gibt es Planabweichungen?

Wenn Abweichungen von den gesetzten Zielen festgestellt werden, wird geklärt, woran dies liegt. Eine Konsequenz daraus kann sein, dass nachgearbeitet werden muss. Möglich ist auch, dass die Zielsetzung unrealistisch war und deshalb eine Zielkorrektur vonnöten ist.

Wenn die Projektzeit zu Ende ist, findet eine abschließende Bilanzierung der Zielerreichung statt. Gleichzeitig richtet sich der kritische Blick auf das Projektmanagement. Dabei ist die Frage, was an der Projektarbeit verbessert werden muss, von besonderer Bedeutung.

Sind im Kontext einer innerschulischen Qualitätsentwicklung mehrere Projektgruppen tätig, muss eine Vernetzung organisiert werden, so dass alle im Bilde sind, wer was tut und wer wie weit ist. Zuständig dafür ist die für den Gesamtprozess verantwortliche *Steuergruppe*. Es ist sehr hilfreich, wenn der Ist-Stand aller Projekte an einem zentralen Ort deutlich sichtbar visualisiert wird. Man kann dies anschaulich-motivierend handhaben – beispielsweise in Form eines „Projekt-Flugplans“, der nach folgenden Kategorien aufgeteilt ist:

Ist-Stand	Projekt
Fertig zum Start	
Fliegt	
Hat Probleme	
SOS	
Bereits gelandet	

Abb. 7 Projekt-Flugplan

Literatur

Litke, H. D./Kunow, I.: Projektmanagement. Planegg: STS 2000.

Mayrshofer, D./Kröger, H. A.: Prozesskompetenz in der Projektarbeit. Hamburg: Windmühle 2001.

Internetadresse

http://www.projektmagazin.de/glossar

Prozess

Folge von Schritten, die aus einer Reihe von Inputs einen Output erzeugen.

Prozessorientierung

Blick auf Abläufe, die zur Qualität der Ergebnisse beitragen. Daraus resultierende Maßnahmen sind auf die Zukunft ausgerichtet und dienen der Vorbeugung von Fehlern und Problemen. Maßnahmen, die sich auf das Ergebnis beziehen, bessern lediglich nach.

Q2E

Q2E steht für „Qualität durch Evaluation und Entwicklung". Es handelt sich um ein von der Nordwestschweizerischen Erziehungsdirektorenkonferenz initiiertes Rahmenmodell für das Qualitätsmanagement an Schulen. Seine Grundannahme ist, dass Schulqualität nur im Wechselspiel von Evaluation und Entwicklung entstehen kann.

Das Rahmenmodell enthält sechs Komponenten, die von den Schulen schrittweise und schulspezifisch umgesetzt werden:

1. Qualitätsleitbild: Die Schule formuliert Qualitätsansprüche, an denen sie sich später bewerten lassen will.

2. *Individualfeedback* und persönliche Qualitätsentwicklung: Die Lehrperson holt bei Schülern, Eltern und Kollegen Feedbacks ein mit dem Ziel sich weiterzuentwickeln und zu verbessern.

3. *Selbstevaluation* und *Qualitätsentwicklung* der Schule: Die Schule überprüft regelmäßig und systematisch ihre Qualität, um Ansatzpunkte für Verbesserungsmaßnahmen zu finden.

4. Steuerung des Qualitätsprozesses durch die Schulleitung: Der Schuleiter steuert und koordiniert in Zusammenarbeit mit einer Projektgruppe die Qualitätsaktivitäten.

5. Externe Schulevaluation: Ein externes *Evaluationsteam* führt mit einem besonderen Blick auf das schulische *Qualitätsmanagement* eine Fremdevaluation durch und spiegelt die Daten an die Schule zurück.

6. Zertifizierung: Die Schule kann sich von einer akkreditierten Zertifizierungsstelle zertifizieren lassen.

Was die Beurteilung der Schulqualität betrifft, orientiert sich Q2E am Input-Prozess-Output-Modell (Dubs 2003). Danach wird die Qualität einer Schule bestimmt durch die Eingangsbedingungen (z. B. Ressourcen), durch die Prozesse (z. B. Unterricht) sowie durch die Outputs (z. B. Schülerleistungen) und Outcomes (z. B. Berufserfolg). In der Qualitätsanalyse wird untersucht, wie gut die Inputs in Ergebnisse umgesetzt werden. Als Untersuchungsinstrument bietet Q2E ein Basisinstrument an, in dem wichtige Qualitätsansprüche an Schule und Unterricht in Form von Qualitätsaussagen systematisch dargestellt sind. Es kann hilfreich sein, wenn die Schule sich selber evaluiert und ein schuleigenes Stärken-Schwächen-Profil erarbeiten möchte. Es ist folgendermaßen strukturiert:

1. Inputqualitäten
   - schulische Rahmenvorgaben und strategische Vereinbarungen
   - personelle und strukturelle Voraussetzungen
   - materielle und finanzielle Ressourcen

2. Prozessqualitäten Schule
   - Schulführung
   - Schulorganisation und Schuladministration
   - kollegiale Zusammenarbeit und Schulkultur

3. Prozessqualitäten Unterricht
   - Lehr- und Lernarrangement
   - soziale Beziehungen
   - Prüfen und Beurteilen

4. Output- und Outcomequalitäten
   - Zufriedenheit der Leistungsempfangenden
   - Lern- und Sozialisationsergebnisse
   - Schul- und Laufbahnerfolg

5. Qualitätsmanagement
   - Steuerung der Q-Prozesse durch die Schulleitung
   - Praxis des *Individualfeedbacks* und der individuellen *Qualitätsentwicklung*
   - Praxis der Schulevaluation und der Schulentwicklung

Am Ende der Q2E-Erprobung (1996–2002) wurde eruiert, was die Voraussetzungen für den Aufbau eines wirksamen schulinternen Qualitätsmanagements sind. Heraus kamen 10 Faktoren einer erfolgreichen Q2E-Einführung:

Faktor 1:	Überzeugtes Engagement der Schulleitung
Faktor 2:	Partizipative Projektentwicklung
Faktor 3:	Funktionsfähige Steuerungsgruppe mit integrativer Wirkung

Faktor 4:   Etappierte Aufbauarbeit mit Pilotgruppen und Pilotprojekten
Faktor 5:   Individuelle und institutionelle Lernbereitschaft
Faktor 6:   Stellenwert der gesamtschulischen Perspektive
Faktor 7:   Herstellung von Verbindlichkeit und Kontinuität
Faktor 8:   Spürbare Auswirkungen auf den Schul- und Unterrichtsalltag
Faktor 9:   Unterstützung der Schulleitung und der Steuergruppe durch
                 kompetente Beratung, Schulung und Erfahrungsnetzwerke
Faktor 10:   Hinreichende Ressourcen für den Aufbau und den Betrieb des
                 Qualitätsmanagements

Literatur

Dubs, R.: Qualitätsmanagement für Schulen. St. Gallen: Institut für Wirtschaftspädagogik 2003.

Landwehr, N.: Grundlagen zum Aufbau einer Feedback-Kultur. Konzepte, Verfahren und Instrumente zur Einführung von lernwirksamen Feedbackprozessen. Bern: hep verlag 2003.

Landwehr, N./Steiner, P./Keller, H.: Schritte zur datengestützten Schulevaluation. Eine Anleitung zur systematischen Datenerhebung mit Fragebogen. Bern: hep verlag 2003 (2. Aufl.).

Landwehr, N.: Basisinstrument zur Schulqualität. Systematische Darstellung wichtige Qualitätsansprüche an Schulen und Unterricht. Bern: hep verlag 2003 (2. Aufl.).

Landwehr, N./Steiner, P.: Grundlagen der externen Schulevaluation. Verfahrensschritte, Standards und Instrumente zur Evaluation des Qualitätsmanagements. Bern: hep verlag 2003 (2. Aufl.).

Steiner, P./Landwehr, N.: Das Q2E-Modell – Schritte zur Schulqualität. Aspekte eines ganzheitlichen Qualitätsmanagements an Schulen. Bern: hep verlag 2003.

Internetadresse

http://www.bigbs.ch/images/kurzfassung%20modell%20q2e.pdf
http://www.blbs-bw.de/blbs-akt/2003blbsaktuell/Qal_man.4-2003pdf.pdf

Qualitative Methoden

Die qualitative Forschung erhebt zum einen verbale Daten (z. B. Interviewaufzeichnungen, Beobachtungsprotokolle) Zum anderen gewinnt sie auch visuelle Daten (z. B. Fotos, Filme). Sie kommt großenteils ohne Messungen aus. Ihre „Gegenstände werden dabei nicht in einzelne Variablen zerlegt, sondern in ihrer Komplexität und Ganzheit in ihrem alltäglichen Kontext untersucht" (Flick 1999, S. 14). Qualitative Methoden dienen vor allem der vertiefenden Erkenntnis unserer sozialen Wirklichkeit.

In der amerikanischen Soziologie hatte die qualitative Forschung bis in die vierziger Jahre eine führende Rolle inne. Mekka dieses Ansatzes war die Chicagoer Schule. Ihre Forschungswerkzeuge waren vor allem die biografische Methode, die Einzelfallanalyse und Beobachtungsverfahren. Danach wurde sie zurückgedrängt durch experimentelle und quantifizierende Ansätze. Seit Beginn der 80er Jahre erlebt die qualitative Forschung eine Renaissance.

Was der qualitative Forscher erhebt, hält er in Form von Texten fest (z. B. Feldnotizen), wobei von der Wirklichkeit nur das übrig bleibt, was tatsächlich eingefangen wurde.

In der quantifizierenden Forschung konstruiert der Forscher am Schreibtisch ein Modell, leitet daraus Hypothesen ab, erhebt Daten und überprüft seine Annahmen. In der qualitativen Forschung formuliert der Forscher eine Fragestellung, geht damit ins Feld, lässt sich auf den Gegenstand ein und dokumentiert das Wahrgenommene.

Klassisches Medium der Dokumentation sind in der qualitativen Forschung die Notizen des Forschers. In ihnen kommt das Wesentliche des Erfragten und Beobachteten sparsam (Sparsamkeitsregel) zum Ausdruck. Notiert wird entweder simultan oder nachträglich. Dabei soll klar getrennt werden zwischen Notation und Interpretation. Die Notizen können ergänzt werden durch visuelles Material.

Nach der Feldphase werden die Daten interpretiert und in Begriffe gefasst. Die Begriffe werden so miteinander verknüpft, dass daraus eine Erkenntnisstruktur bzw. Theorie entsteht (= theoretisches Kodieren). Ebenso ist es möglich, die Daten mit Hilfe eines Kategorienschemas oder einer thematischen Struktur zu kodieren (= thematisches Kodieren).

Nach Mayring (1993, S. 119ff.) sollte sich die qualitative Sozialforschung an folgenden Gütekriterien orientieren:

- Verfahrensdokumentation: Die einzelnen Forschungsschritte und der Vorgehensweise werden schriftlich notiert.

- Argumentative Interpretationsabsicherung: Die Daten werden theoriegeleitet gedeutet. Es werden auch Alternativdeutungen versucht und. überprüft.

- Regelgeleitetheit: Das Vorgehen verläuft schrittweise.

- Nähe zum Gegenstand: Die Untersuchung wird im natürlichen Lebensumfeld der Beforschten durchgeführt. Der Forscher geht von der Alltagswelt der Beforschten aus und untersucht Fragen, die auch für die Befragten bedeutsam sind.

- Kommunikative Validierung: Die Beforschten bzw. Befragten sollen den Forschungsbericht zu Gesicht bekommen und sagen, ob sie sich richtig dargestellt und interpretiert sehen.

- Triangulation (= Kreuzvalidierung): Ein und dieselbe Forschungsfrage wird mit mehreren Methoden untersucht bzw. aus mehreren Perspektiven beleuchtet.

Literatur

Flick, U.: Qualitative Forschung. Theorien, Methoden, Anwendung in Psychologie und Sozialwissenschaften. Reinbek: Rowohlt 1999 (4. Aufl.).

Mayring, R.: Einführung in die qualitative Sozialforschung. Weinheim und Basel: Beltz 1993 (2. Aufl.).

Internetadressen

http://de.wikipedia.org/wiki/Qualitative_Sozialforschung

http://www.qualitative-research.net/

http://www.uni-koeln.de/phil-fak/fs-psych/serv_pro/mayring.html

Qualität

Grad, in dem die Beschaffenheit eines Produktes oder einer Dienstleistung festgelegte Anforderungen erfüllt. Je nachdem, wie der Ist-Soll-Vergleich ausfällt, spricht man von guter oder von schlechter Qualität.

Qualitätsarchiv

Sammlung von qualitätsrelevanten Dokumenten. Sie geben Auskunft über bisherige Evaluationen und daraus abgeleitete Maßnahmen der Qualitätsentwicklung.

Qualitätsevaluation

Aktivitäten, die darauf abzielen, die Qualität von Produkten und Dienstleistungen zu bewerten und die Ergebnisse für die Qualitätsentwicklung zu nutzen.

Qualitätsgruppe

Kollegiale Lerngruppe, die auf gegenseitigem Vertrauen basiert. Ihre Mitglieder besuchen sich gegenseitig im Unterricht, geben sich *Feedback* und entwickeln gemeinsam den Unterricht weiter.

Qualitätshandbuch

Im Qualitätshandbuch wird das Qualitätsmanagementsystem dokumentiert. Es beschreibt detailliert Vorstellungen, Vorgaben, Zuständigkeiten und Abläufe zur Sicherung und Verbesserung der *Qualität* eines Unternehmens, einer Behörde oder einer Schule. Der Qualitätskoordinator sorgt dafür, dass das Qualitätshandbuch laufend aktualisiert wird.

Will das Qualitätshandbuch Zielklarheit schaffen, muss es allen Mitarbeiterinnen und Mitarbeitern zugänglich sein. Sein Umfang ist knapp zu bemessen. Es sollte so wenig Text wie nötig enthalten. Zu bevorzugen sind Schaubilder, Grafiken und Tabellen.

Das, was im Qualitätshandbuch an Standards und Vorgehensweisen fixiert ist, dient Mitarbeiterinnen und Mitarbeitern und Kunden als Orientierung. Zum Beispiel hinsichtlich der Frage, was ein guter Unterricht ist. Wenn dies transparent dargelegt wird, wird die Unterrichtsqualität auch überprüfbar.

Bei der Erstellung des Qualitätshandbuchs kann man sich bezüglich Aufbau und Inhalt zum einen an der DIN EN ISO 9001-2000 orientieren. Zum anderen ist es auch möglich, die Qualitätsdokumentation in Form eines *Schulportfolios* durchzuführen. Das heißt, dass das Schulkonzept, wichtige schulstatistische Daten und Kennzahlen, Ergebnisse der *Selbstevaluation* und die Entwicklungsperspektiven in standardisierter Form dargestellt werden.

Literatur

Kamiske, G.F./Brauer, J.P.: Qualitätsmanagement von A bis Z. München: Hanser 2003 (4. Aufl.).

Internetadressen

http://www2.din.de
http://www.quality.de

Qualitätsleitbild

Richtschnur für das Handeln in einer qualitätsbewussten Schule. In Form von gemeinsam entwickelten Grundsätzen werden die Ansprüche an die Qualität der pädagogischen Arbeit zum Ausdruck gebracht. Das *Qualitätsleitbild* ist auch der Maßstab, an dem sich die Schule selbst evaluiert oder von außen evaluieren lässt. Im Schul-Qualitätsmanagement *Q2E* ist das Qualitätsleitbild eine gewichtige und unverzichtbare Grundkomponente.

Qualitätsmanagement

Bewusstes und systematisches Bemühen um eine gute *Qualität*. Ziel des Qualitätsmanagements in der Schule ist es, Qualität zu evaluieren, zu sichern und weiterzuentwickeln. Die Schulleitung trägt hierfür eine nicht delegierbare Verantwortung.

Qualitätssicherung

Prozesse, die sicherstellen sollen, dass ein festgelegtes Qualitätsniveau erreicht wird. Primäres Ziel ist nicht die Optimierung, sondern der Erhalt des Niveaus.

Qualitätszirkel

Sie sind in Japan nach dem zweiten Weltkrieg entstanden, um die damals schlechten Produkte weltmarktfähig zu machen. Globalziel der heutigen Qualitätszirkelarbeit ist es, Arbeitsschwierigkeiten ohne hierarchische Umwege direkt am Arbeitsplatz aufzugreifen, zu analysieren und wirksam zu lösen.

Qualitätszirkel sind sinnvoll, weil Mitarbeiterinnen und Mitarbeiter die eigentlichen Experten sind und ein großes, oft ungenutztes Kreativitäts- und Problemlösepotential besitzen.

Wesentliche Ziele der Zirkelarbeit sind:
- Beteiligung der Mitarbeiterinnen und Mitarbeiter an Problemlösungen
- Förderung des Problembewusstseins
- Steigerung des Verantwortungsbewusstseins
- Nutzung der individuellen Problemlösungspotenziale
- Verbesserung der Arbeitsbeziehungen
- Verbesserung des Arbeitsverhaltens
- Verbesserung der Arbeitsabläufe.

Zirkelsitzungen finden in der Regel 1- bis 4-mal pro Monat statt. Die Zirkelsitzungen werden entweder von Organisationsmitgliedern oder von externen Fachleuten moderiert. Normalerweise laufen sie in folgenden Schritten ab:

1. Einstieg
2. Themensammlung
3. Themenauswahl
4. Themenbearbeitung
5. Maßnahmenplanung und Zielvereinbarung
6. Abschluss

Wichtige Rahmenbedingungen für das Gelingen der Zirkelarbeit sind:

- Unterstützung durch die Organisationsspitze
- Freiwilligkeit
- Langfristcharakter
- Eigenverantwortlichkeit: Gruppe wählt Zirkelthemen selbst
- kein Erfolgszwang
- zwei Moderatoren pro Zirkel
- Regelmäßigkeit der Sitzungen
- moderationsgeeignete Räume.

Zirkelarbeit führt zu quantitativen (z.B. Kosteneinsparungen) und qualitativen Verbesserungen (z.B. mehr persönliche Kompetenz). Außerdem fördert sie das allgemeine Organisationsklimas

Literatur

Philipp, E.: Teamentwicklung in der Schule. Konzepte und Methoden. Weinheim und Basel: Beltz 1997 (2. Aufl.).

Rischar, K./Titze, C.: Qualitätszirkel. Effektive Problemlösung durch Gruppen im Betrieb. Renningen: Expert 1998 (4. Aufl.).

Internetadressen

http://www.fbma.de/Kaizen/gruppen.htm
http://www.talessin.de/scripte/qm/zirkel.html

Quartile

Die drei Werte einer Häufigkeitsverteilung, die diese in vier gleich große Bereiche zerlegen. Im Bereich bis zum ersten Quartil liegen 25% aller Fälle, bis zum zweiten Quartil 50% und bis zum dritten Quartil 75%. Das erste und dritte Quartil nennt man auch unteres bzw. oberes Quartil.

Quartilsabstand

Differenz zwischen dem oberen (dritten) und dem unteren (ersten) Quartil, auch als Interquartilabstand bezeichnet. Der Quartilsabstand dient als Maß der Streuung und gibt an, in welchem Bereich sich die mittleren 50% der Merkmalswerte bewegen.

Range

Kennzahl der *Dispersion*, auch Streubreite genannt. Sie wird aus der Differenz zwischen dem größten und kleinsten Wert einer Datenreihe errechnet.

Ratingkonferenz

In einer Ratingkonferenz werden die evaluative *Datenerhebung*, die *Dateninterpretation* und die Ableitung von Maßnahmen miteinander vereinigt. Sie beginnt damit, dass die Teilnehmerinnen und Teilnehmer zu einem Evaluationsthema (z. B. Sozialverhalten der Schüler in der Jahrgangsstufe 7) einen *Fragebogen* enthalten. Dieses Instrument umfasst ca. 10-12 Aussagen, die jeweils auf einer Skala bewertet werden. Jede teilnehmende Person füllt den Fragebogen zunächst allein aus.

Nach der individuellen Beantwortung werden die persönlichen Einschätzungen auf ein großformatiges Fragebogen-Plakat übertragen. Die Markierung erfolgt entweder durch Ankreuzen oder durch Klebepunkte.

Wenn das kollektive Ergebnisbild fertig gestellt ist, fordert der Moderator die Teilnehmerinnen und Teilnehmer zu einem interpretatorischen Gedankenaustausch auf. Jeder darf in einer ersten Resonanzrunde mitteilen, was das Ergebnisbild in ihm ausgelöst hat. Danach wird Frage für Frage gemeinsam genauer betrachtet. und interpretiert (4–5 Minuten pro Frage). Das Augenmerk wird dabei vor allem auf besonders hohe oder niedrige Einschätzungen gerichtet. Die entsprechende Leitfrage lautet: Wo liegen die Gründe für diese Extremwerte? Es empfiehlt sich, Anmerkungen und Deutungen zu visualisieren.

Nach der *Datenanalyse* wird im konsensuellen Dialog überlegt, wo Maßnahmen zur Stärkung der Stärken und zur Beseitigung von Schwächen vonnöten sind. Sie werden auf einem Plakat festgehalten. Und es wird festgelegt, was von wem wann umgesetzt wird.

Die Ratingkonferenz endet mit einer Feedbackrunde. Jede teilnehmende Person kann zurückmelden, wie sie das Konferenzklima und die Konferenzergebnisse erlebt hat.

Literatur

Keller H.: Aufbau und Elemente einer Feedbackkultur. Zürich: Impulse 2003.

Landwehr, N.: Grundlagen zum Aufbau einer Feedback-Kultur. Konzepte, Verfahren und Instrumente zur Einführung von lernwirksamen Feedbackprozessen. Bern: hep verlag 2003.

Internetadresse

http://rebege.zh.ch/downloads/impulsverlag/AufbauFeedackkultur.pdf

Ratingskala

In regelmäßige Intervalle aufgeteilte Strecke, auf der Schätzurteile abgegeben werden. Die urteilende Person markiert den Skalenpunkt, der der eingeschätzten Merkmalsausprägung am besten entspricht. Ratingskalen (Schätzskalen) werden vor allem in quantitativen Befragungs- und Beobachtungsinstrumenten als Antwortvorgabe verwendet. Man unterscheidet folgende Varianten von Ratingskalen:

● Numerische Skalen

Die Lehrer begegnen uns mit Respekt.

überhaupt nicht						sehr
1	2	3	4	5	6	7

● Verbale Skalen

stimmt   stimmt eher   stimmt eher nicht   stimmt nicht

● Grafische Skalen

schwach – – – – – – – stark

In der Regel werden 4–10 Stufen vorgegeben. Wenn man eine gerade Zahl von Stufen vorgibt, verhindert man, dass die Urteiler sich in die neutrale Position der Skalenmitte flüchten. Möchte man keinen Entscheidungszwang ausüben und Antwortverweigerungen verhindern, ist es empfehlenswert, eine ungerade Zahl von Stufen zu wählen.

Bei der Konstruktion von Ratingskalen ist immer auch zu überlegen, ob die Skala unipolar oder bipolar ausgerichtet werden soll. Unipolar heißt, dass die Abstufungen der Skala sich auf ein Merkmal beziehen.

Die Lehrpersonen fühlen sich an der Schule wohl

trifft zu ◯   trifft eher zu ◯   trifft eher nicht zu ◯   trifft gar nicht zu ◯

Bei der bipolaren Skala handelt es sich um eine Skala, deren Extreme durch zwei gegensätzliche Begriffe oder Aussagen gekennzeichnet sind.

Der Deutschunterricht ist interessant 1 2 3 4 5 6 Der Deutschunterricht ist nicht interessant

Die mit Ratingskalen erhobenen Daten werden meist als Werte einer *Intervallskala* betrachtet. Das heißt, dass man Mittelwerte und Standardabweichungen errechnen darf.

Literatur

Bortz, J./Döring, N.: Forschungsmethoden und Evaluation für Human- und Sozialwissenschaftler. Berlin, Heidelberg, New York: Springer 2002 (3. Aufl.).

Schnell, R./Hill, P.B./Esser, E.: Methoden der empirischen Sozialforschung. München und Wien: Oldenbourg 1999 (6. Aufl.).

Internetadressen

http://www.gp.tu-berlin.de/users/p/psychmethoden/dat1_material/f05_ratings.pdf
http://www.ameriv.de/websem/evaluation/likert.htm

Rechenschaftslegung

Bericht über eine geleistete Arbeit. Aus der zunehmenden Selbstständigkeit und Eigenverantwortung der Schule resultiert die Pflicht zur Rechenschaftslegung. Zentrale Mittel der Rechenschaftslegung sind die *Selbstevaluation* und die *Fremdevaluation*. Die Evaluationsergebnisse werden nach innen und nach außen transparent kommuniziert.

Reliabilität → Test

Resonanzmessung

Viele Projekte und Maßnahmen scheitern daran, dass sie ohne Beteiligung und Rückmeldung der Betroffenen durchgeführt werden. Deshalb ist es wichtig, sich möglichst früh einen Eindruck davon zu verschaffen, welche Resonanz eine Projektidee oder ein Konzept hervorrufen. Wer dies tut, beugt dem Misserfolg vor und schafft eine gute Akzeptanz. Am Beginn der Resonanzmessung wird den Betroffenen (z. B. Lehrerkollegium) das Vorhaben erläutert. In Tischgruppen (ca. sieben Personen) wird es gemeinsam reflektiert. Dabei werden Antworten auf folgende Fragen erarbeitet:

- Was finden wir gut?
- Was gefällt uns nicht?
- Was schlagen wir vor?

Die Antworten werden dann präsentiert und zu einem Resonanzbild zusammengefasst. Daraus werden Maßnahmen abgleitet und Ziele vereinbart

Rücklaufquote

Anteil der beantworteten an den verteilten Fragebögen. Bei schriftlichen Befragungen braucht man einen genügend hohen Rücklauf, um die Ergebnisse in Bezug auf die Grundgesamtheit verallgemeinern zu können. Die Rücklaufquote erhöht sich, wenn der *Fragebogen* nicht allzu lang ist, ein motivierendes Anschreiben formuliert wird und ein letztes Rücksendedatum angegeben wird. Entwickelt sich der Rücklauf ungünstig, kann eine Erinnerungsaktion hilfreich sein.

Scatter-Plot

Graphische Darstellung von beobachteten Wertepaaren zweier statistischer Merkmale. Der Scatterplot bildet die Daten als Streudiagramm in einem X/Y-Koordinatensystem ab. Dadurch erhält man einen guten Eindruck der Zusammenhänge der beiden Merkmale.

Schattenbeobachtung

Beobachtung „on the job". Nach zuvor gemeinsam festgelegten Beobachtungskriterien wird eine Person in einen bestimmten Zeitraum beobachtet. So kann sich ein Schulleiter von einem Coach während einer Gesamtlehrerkonferenz bezüglich seines Moderationsverhaltens „beschatten" lassen. Nach der Schattenbeobachtung erfolgt ein Feedback als Hilfe zur persönlichen Verhaltensentwicklung.

Schlüsselqualifikationen

Der Begriff „Schlüsselqualifikationen" stammt von Dieter Mertens, dem früheren Direktor des Instituts für Arbeitsmarkt- und Berufsforschung der Bundesanstalt für Arbeit. Unter Schlüsselqualifikationen versteht er „Kenntnisse, Fähigkeiten und Fertigkeiten, welche nicht unmittelbaren und begrenzten Bezug zu bestimmten disparaten praktischen Tätigkeiten erbringen, sondern vielmehr die Eignung für eine große Zahl von Positionen und Funktionen als alternative Optionen zum gleichen Zeitpunkt und die Eignung für die Bewältigung einer Sequenz von (meist unvorhersehbaren) Änderungen von Anforderungen im Laufe des Lebens."

So gesehen sind Schlüsselqualifikationen der Schlüssel zum Aufschließen vieler Berufstätigkeiten. Außerdem helfen sie dem Menschen, mit dem rasanten Wandel in der Arbeitswelt Schritt zu halten. Am Arbeitsplatz der Zukunft, so der Tenor einer Delphi-Studie mit rund 1000 Experten im Auftrag des Bundesministeriums für Bildung und Forschung, sind sie unverzichtbar.

Aus dem Blickwinkel dieser neuen Qualifikationstheorie besteht die berufliche Handlungskompetenz eines Menschen aus drei Hauptkomponenten:

- der Fachkompetenz
- der Methodenkompetenz
- der Sozialkompetenz.

Die Fachkompetenz umfasst die für den jeweiligen Beruf erforderlichen Kenntnisse und Fertigkeiten. Die Methodenkompetenz ist zu verstehen als die Fähigkeit, neues Wissen selbstständig sich zu erwerben, zu verarbeiten, zu vermitteln und auf die Lösung von Problemen zu übertragen. Zur sozialen Kompetenz zählt vor allem die Fähigkeit der Person, mit anderen Personen zu kommunizieren und im Team zusammenzuarbeiten.

Schlüsselqualifikationen sind keine unabhängigen Qualifikationen. Sie sind nur integriert wirksam, zusammen mit der Fachqualifikation.

Literatur

Keller, G./Hitzler, W.: Schlüssel-Qualifikations-Training. Übungen zur Förderung der Methoden- und Sozialkompetenz. Donauwörth: Auer 2005 (2. Aufl.).

Lang, R. W.: Schlüsselqualifikationen. Handlungs- und Methodenkompetenz, personale und soziale Kompetenz. München: Deutscher Taschenbuch Verlag 2000.

Internet-Adressen

http://www.guterunterricht.de
http://www.teachsam.de

Schulcurriculum

Um die Schule in ihrer pädagogischen Eigenständigkeit zu stärken, darf die Einzelschule einen Teil des Bildungsplans selbst erarbeiten. Er wird Schulcurriculum genannt und ergänzt das *Kerncurriculum*. In ihm sind beispielsweise methodische und soziale Kompetenzen schulspezifisch formuliert. Das Schulcurriculum wird von den Schulgremien verabschiedet und ist verbindlich für die Lehrpersonen.

Schulentwicklung

Der gravierende Wandel in der Gesellschaft, in der Familie und in der Psyche von Kindern und Jugendlichen macht einen schulinternen Wandel dringend erforderlich, und zwar in Form einer inneren Schulentwicklung.

Innere Schulentwicklung ist gemeinsame und systematische Selbsterneuerung des Klimas, der Inhalte und der Formen pädagogischer Arbeit. Gemeinsam bedeutet, dass die ganze Schule (Lehrer, Schüler, Eltern) daran beteiligt ist. Systematisch heißt, dass eine gründliche Evaluation, Änderungsplanung und Änderungsarbeit stattfinden.

Innere Schulentwicklung orientiert sich an der Guten Schule, die besonders gekennzeichnet ist durch einen kooperativen Führungsstil, durch ein gemeinsames *pädagogisches Konzept*, durch die gezielte Förderung der methodischen und sozialen Kompetenzen und durch eine offene und einfühlsame Kommunikation.

Anlass einer inneren Schulentwicklung können zum einen aktuelle Lern-, Verhaltens- und Kommunikationsprobleme sein. Zum anderen gibt es auch Schulen, die momentan keinen besonderen Leidensdruck empfinden, aber aus innovativer Neugier eine Entwicklung wagen möchten.

Als Entwicklungsthemen sind von den Schulen in den letzten Jahren häufig gewählt worden:

- Evaluation der pädagogischen Arbeit und Entwicklung eines pädagogischen Konzepts/Schulprogramms
- Weiterentwicklung des Unterrichts bzw. des Lehrens und Lernens
- Weiterentwicklung der Sozialerziehung bzw. des sozialen Lernens
- Verbesserung der kollegialen Kommunikation und Kooperation
- Verstärkung der Zusammenarbeit mit dem Elternhaus
- Öffnung zum kommunalen und wirtschaftlichen Umfeld.

Eine besondere Bedeutung kommt der Weiterentwicklung des Lehrens und Lernens zu. Erstens heißt dies verstärkte Anwendung schüleraktiver Unterrichtsformen (z. B. Freiarbeit, Gruppenarbeit, Projektarbeit). Zweitens versteht man darunter die systematische Vermittlung von Lern- und Arbeitsmethoden. Und drittens gehören zur Unterrichtsentwicklung auch das gemeinsame Planen, Handeln und Reflektieren im pädagogischen Team.

Innere Schulentwicklung vollzieht sich nicht punktuell, sondern ist ein langer, dynamischer Prozess, der schließlich ein Ergebnis hervorbringen soll. Beispiele für solche Ergebnisse sind ein neues *Schulprogramm*, ein schüleraktiver Unterricht, mehr Austausch, Abstimmung und Absprache auf Klassenebene oder ein Schulkodex. Dieses Ziel ist nur erreichbar, wenn der Prozess des Miteinander-Umgehens und der Zusammenarbeit gut funktioniert. Für die Prozessbegleitung werden normalerweise schulexterne Personen engagiert. Die Beraterinnen und Berater sind Helferinnen und Helfer zur Selbsthilfe, die den Entwicklungsprozess moderieren, auf die Einhaltung der Entwicklungsschritte achten und für Konfliktlösungen zur Verfügung stehen.

Der Entwicklungsprozess vollzieht sich in folgenden Schritten:

1. Einstiegsphase: Leidensdruck oder innovative Neugier, Meinungsbildung im Kollegium, GLK-Beschluss, Kontaktaufnahme mit den Moderatoren, Bildung einer Planungsgruppe
2. Ist-Analyse: Bestandsaufnahme zum Entwicklungsthema: qualitativ (z. B. Kartenabfrage nach der Moderationsmethode) und/oder quantitativ mit Hilfe einer Fragebogenuntersuchung

3. Änderungsplanung: Sammlung von Änderungsideen und Verbesserungsvor-schlägen, Festlegung von Entwicklungszielen und -maßnahmen, Aufgabenver-teilung, Bildung einer *Steuergruppe*

4. Verwirklichungsphase: kontinuierliche Umsetzung der vereinbarten Maßnah-men, Koordination durch die Steuerungsgruppe, Zwischenbilanzen und Kon-fliktklärung

5. Abschluss: Schlussbilanz, gemeinsame Bewertung, Institutionalisierung.

Fast alle Kollegien, so der Tenor von Prozess-Evaluationen, erleben es trotz man-cher Schwierigkeiten und Widerstände als sinnvoll und lohnenswert, die pädagogi-sche Arbeit gemeinsam zu analysieren und darauf aufbauend Änderungsmaßnah-men zu entwickeln. Die Entwicklungsziele und Entwicklungsprogramme üben auf die pädagogische Arbeit positive Zugkräfte aus.

Hinsichtlich der Quantität und Qualität der Umsetzung treten größere Unter-schiede auf. Es gibt Schulen, die intensive Entwicklungsarbeit leisten und beachtli-che Wirkungen erzielen. Dann sind Schulen zu beobachten, die ebenfalls in einen Entwicklungsprozess eingetreten sind, diesen aber kleinschrittig und energiespa-rend gestalten. Schließlich registriert man auch Schulen, die zwar eine Ist- und Soll-analyse durchgeführt haben, aber sich mit der Umsetzung sehr schwer tun.

Die Entwicklungsprozesse unterscheiden sich auch hinsichtlich der Beteiligungs-dichte. In manchen Schulen beteiligt sich der Großteil des Kollegiums an der Wei-terentwicklung (plenare Schulentwicklung), in anderen wiederum wird der Ent-wicklungsprozess von Projektteams getragen (insulare Schulentwicklung). Ein Beispiel für den ersten Entwicklungstyp ist die Umsetzung eines sozialen Verhal-tenskodexes auf allen Klassenstufen. Ein Beispiel für den zweiten Entwicklungstyp ist die Förderung der Methoden- und Sozialkompetenz in der Eingangsstufe der weiterführenden Schule.

Aus den praktischen Entwicklungserfahrungen lassen sich Voraussetzungen für das Gelingen eines Entwicklungsprozesses deutlich erkennen:

- Eine Schulentwicklung braucht eine klare Entscheidung des Kollegiums, in deren Vorfeld ein intensiver Dialog stattfindet. In diesem Dialog muss mit Widerständen achtsam und einfühlsam umgegangen werden.

- Es sind Entwicklungsmotoren vonnöten. Dazu gehören sowohl innovationsbe-reite Schulleiterinnen und Schulleiter als auch besonders engagierte Lehrerin-nen und Lehrer.

- Die Entwicklungsarbeit muss fortlaufend koordiniert, reflektiert und bilanziert werden. Hierfür geeignete Kommunikationsorte sind Gesamtlehrer- und Klas-senkonferenzen oder eine repräsentativ zusammengesetzte *Steuergruppe*. Letz-tere handelt im Auftrag des Kollegiums und ist diesem gegenüber informations-pflichtig.

- Für den Weg zum Ziel bedarf es einer „Entwicklungskarte", an der sich die Schule orientiert. Dies kann ein gemeinsam erarbeitetes pädagogisches Konzept sein, ein aus den Entwicklungszielen und den aktuellen Arbeitsschwerpunkten bestehendes *Schulprogramm* oder ein *Schulleitbild*.

- Die Schule benötigt einen innovativen Spielraum, innerhalb dessen sie der Souverän ist. Dies verlangt von der Schule, dass sie die externen Partner über den Prozess transparent informiert. Keine Freiheit ohne Rechenschaft!

Literatur

Altrichter, H./Schley, W./Schratz, M. (Hrsg.): Handbuch zur Schulentwicklung. Innsbruck und Wien: Studienverlag 1998.

Beucke-Galm, M./Fatzer, G./Rutrecht, R. (Hrsg.): Schulentwicklung als Organisationsentwicklung. Köln: Edition Humanistische Psychologie 1999.

Eikenbusch, G.: Praxishandbuch Schulentwicklung. Berlin: Cornelsen Scriptor 1998.

Keller, G.: Wir entwickeln unsere Schule weiter. Praxisleitfaden zur Inneren Schulentwicklung. Donauwörth: Auer 1997.

Rolff, H.-G./Buhren, C.G./Lindau-Bank, D./Müller, S.: Manual Schulentwicklung. Handlungskonzept zur pädagogischen Schulentwicklungsberatung (SchuB). Weinheim und Basel: Beltz 2000 (3. Aufl.).

Internetadressen

http://ifs.uni-dortmund.de
http://www.qis.at

Schülerfeedback

Wenn Schülerinnen und Schüler den Lehrpersonen rückmelden, wie sie Schule und Unterricht wahrnehmen und erleben, handelt es sich um ein Schülerfeedback. Dabei ist zu unterscheiden zwischen dem spontanen informellen *Feedback* und dem systematischen Schülerfeedback. Letzteres wird von den Lehrpersonen geplant, durchgeführt und ausgewertet. Das systematische Schülerfeedback ist ein wichtiges Instrument der Schul- und Unterrichtsentwicklung.

Obwohl nicht wenige Lehrpersonen dem Schülerfeedback immer noch kritisch gegenüberstehen, gibt es inzwischen einen Konsens darüber, dass es zum professionellen Handeln gehören muss.

Will ein Schülerfeedback gelingen, muss es gut vorbereitet werden. Für die Feedbackarbeit gibt es folgende Grundsätze:

- Wer Schülerfeedback durchführen möchte, macht sich vorher methodisch kundig.
- Man beginnt dort, wo es momentan ein Veränderungsinteresse gibt.
- Das Feedbackthema wird konkret definiert.
- Es wird ein Instrument ausgewählt, eventuell modifiziert oder selbst konstruiert.
- Das Instrument ist dem Thema angemessen.
- Der Feedbackprozess wird transparent erläutert.
- Mit den Schülerinnen und Schülern werden Feedbackregeln vereinbart.
- Die Ergebnisse werden gemeinsam ausgewertet.
- Die Veränderungswünsche werden ernst genommen.

Instrumente zu finden, dürfte nicht mehr schwierig sein. Die Toolbox der Selbst-evaluation enthält eine Menge an Instrumenten. Zu nennen sind:

- *Fragebogen*
- Lerntagebuch
- Zielscheibe
- Spinnenwebe
- *Blitzlicht*
- Viereckenmethode

Schülerfeedback darf nicht zu häufig angewandt werden, ansonsten drohen Ermü-dungserscheinungen und Aversionen. Wer wann in welcher Klasse Schülerfeed-back praktiziert, muss im Klassenteam abgesprochen werden. Und alle Lehrerin-nen und Lehrer sollten sich darüber im Klaren sein, dass aus den Schülerfeedbacks Konsequenzen für die Unterrichtsgestaltung und *Schulentwicklung* abgeleitet und umgesetzt werden müssen. Ist dies nicht der Fall, sind die Schülerinnen und Schü-ler nicht mehr feedbackmotiviert.

Literatur

Bastian, J./Combe, A./Langer, R.: Feedback-Methoden. Erprobte Konzepte, evaluierte Erfah-rungen. Weinheim und Basel: Beltz 2005 (2. Aufl.).

Landwehr, N.: Grundlagen zum Aufbau einer Feedback-Kultur. Konzepte, Verfahren und Instru-mente zur Einführung von lernwirksamen Feedbackprozessen. Bern: hep verlag 2003.

Internetadreesen

http://web.kanti-zug.ch/download/reglemente/standards-schuelerInnen-feedback.pdf

http://www.learn-line.nrw.de/angebote/schulprogramm/umsetzung/evaluation/schuelerfeed-back.html

http://www.mba.zh.ch/downloads/Projektstellen/Feedbackkonzept-KSWI.pdf

Schulinspektion

Externe Evaluation, die der einzelnen Schule eine differenzierte Rückmeldung über ihre Qualität liefert und ihr Anregungen zur Weiterentwicklung gibt. Sie erfolgt im Team. Die Ergebnisse werden in einem Inspektionsbericht zusammenge-fasst. Adressat sind zum einen die Schule, zum anderen aber auch die Schulauf-sicht. Aus der Inspektion resultieren Zielvereinbarungen, deren Umsetzung einem *Controlling* unterliegen.

Schulklima

Mit Schulklima ist die Grundtönung der Gesamtatmosphäre einer Schule gemeint. Es ist ein subjektiv wahrgenommenes Merkmal, in dem sich die individuellen Klimawahrnehmungen aller Beteiligten (Schüler, Lehrer, Eltern) ausdrücken.

Man kann es auch als eine eigenständige Dimension der Schulqualität bezeichnen. Dies ist ein eindeutiges Ergebnis der der Schulqualitätsforschung (Fend 1977, Aurin 1991, Eder 1996).

Ein wesentlicher Faktor des Schulklimas ist Art und Weise, wie die Menschen in einer Schulgemeinschaft miteinander kommunizieren und kooperieren. Und zwar auf allen Beziehungsebenen einer Schule:

- Lehrer-Schüler
- Schüler-Schüler
- Lehrer-Leitung
- Schule-Elternhaus.

Das Schulklima kann schwanken zwischen Wohlbefinden und Unbehagen. Nachweislich beeinflusst es sowohl das Lern-, Leistungs- und Sozialverhalten der Schülerinnen und Schüler als auch die pädagogischen Leistungen der Lehrerinnen und Lehrer. Darüber hinaus wirkt es auch ein auf die Gesundheit und das Gesundheitsverhalten aller Schulmitglieder.

Zum einen kann das Schulklima erfasst werden durch schriftliche und mündliche Befragungen. So enthält das Erhebungsinstrument Selbstevaluation in Schulen *SEIS* einen Fragebogenbereich, in dem Aspekte des Schulklimas einzuschätzen sind. Zum anderen gibt es auch standardisierte Testverfahren, für die Normen vorliegen. Besonders zu nennen sind:

- Linzer Fragebogen zum Schul- und Klassenklima für die 4. bis 8. Klasse LFSK 4– 8 (Eder/Mayr 2000)
- Linzer Fragebogen zum Schul- und Klassenklima für die 8. bis 13. Klasse LFSK 8–13 (Eder 1998)

Wenn in einer Schulevaluation Klimadefizite erkennbar werden, sind klimaförderliche Maßnahmen die Konsequenz. Konkret heißt dies, unter professioneller Begleitung Beziehungsstörungen zu klären und durch Beziehungsförderung abzubauen.

Literatur

Aurin, K. (Hrsg.): Gute Schulen - worauf beruht ihre Wirksamkeit? Bad Heilbrunn: Klinkhardt 1991 (2. Aufl.).

Eder, F.: Schul- und Klassenklima. Innsbruck: StudienVerlag 1996.

Eder, F.: Linzer Fragebogen zum Schul- und Klassenklima für die 8. bis 13. Klasse (LFSK 8–13). Göttingen: Hogrefe 1998.

Eder, F./Mayr, J.: Linzer Fragebogen zum Schul- und Klassenklima für die 4. bis 8. Klasse (LFSK 4–8). Göttingen: Hogrefe 2000.

Fend, H.: Schulklima. Weinheim und Basel: Beitz 1977.

Internetadresse

http://www.verantwortung.de

Schulkultur

Muster grundlegender Wertvorstellungen und Überzeugungen, die von vielen Schulmitgliedern geteilt werden. Es dient der Orientierung und Verhaltensregulierung. Eine gute Schulkultur erkennt man besonders am respektvollen Miteinander-Umgehen, an positiven Ritualen, an partnerschaftlicher Kooperation von Lehrern, Eltern und Schülern und an einem überzeugend vorgelebten Erwachsenenverhalten. Wichtige Voraussetzung für die Entstehung einer guten Schulkultur ist ein explizites *pädagogisches Konzept*.

Schulleitbild

Eine Schule braucht klare sichtbare Orientierungen für alle Schulmitglieder. Grundlegende Schulziele fasst man am besten in Form eines Schulleitbildes zusammen.

Im Schulleitbild werden die wichtigsten Schulziele in Form von Leitsätzen verschriftlicht. Es ist kürzer gefasst als das Schulprogramm. Man kann es auch als die Visitenkarte der Schule bezeichnen.

Das Schulleitbild soll ebenso wie das *Schulprogramm* unter Beteiligung und Mitwirkung möglichst vieler entstehen. Das heißt, dass dies die Lehrerschaft nicht allein tut, sondern die Eltern- und Schülerschaft sich ebenso in diesen Prozess einbringen. Folgende Schritte sind zu empfehlen:

1. Konsens in den Gremien herstellen (Gesamtlehrerkonferenz, Schulkonferenz, SMV)
2. Bildung einer paritätisch zusammengesetzten Steuerungsgruppe
3. Bestandsaufnahme der Schulsituation (*Selbstevaluation*)
4. Entwicklung einer *Vision*
5. Formulierung von daraus abgeleiteten Leitsätzen
6. Erstellung eines Leitbildentwurfs durch eine Redaktionsgruppe
7. Verabschiedung durch die Schulgremien
8. Druck und Multiplikation des Leitbildes innerhalb und außerhalb der Schule

Wer sich zum Ziel setzt, das papierne Leitbild in den Alltag umzusetzen, tut gut daran, dies zu einem späteren Zeitpunkt zu evaluieren. Konkret heißt dies, spätestens nach zwei Jahren zu bilanzieren, was tatsächlich verwirklicht werden konnte und was immer noch zu wünschen übrig lässt.

Schulleiter/Schulleiterin

Der Schulleiter/die Schulleiterin ist eine Person, die mit der Aufgabe betraut ist, die Schule zu leiten. Sie ist eine Schlüsselgröße der guten Schule ist (Mortimore

1994, Fend 1996). Aus schulrechtlicher Sicht hat sie die Verantwortung für die Erziehungs- und Unterrichtsarbeit, für den sachgemäßen Vollzug der Rechts- und Verwaltungsvorschriften und der Konferenzbeschlüsse sowie den organisatorischen Ablauf des Schulbetriebs. Für die Lehrerinnen und Lehrer ist sie Vorgesetzte mit Weisungsrecht. Für den Schulträger, das Kollegium, die Eltern und die Schülerschaft ist sie verantwortlicher Ansprechpartner. Und sie repräsentiert die Schule nach außen.

Im Prozess der schulischen Qualitätssicherung und Qualitätsentwicklung spielt die Schulleitung eine besondere Rolle. Sie hat die interne Qualitätsverantwortung (Dubs 2003). Ihre Aufgabe ist es, die Qualitätsentwicklung anzustoßen, zu steuern und zusammen mit dem Kollegium ein schulinternes Qualitätsentwicklungskonzept zu entwerfen. Diese Aufgabe, so Dubs, ist eine primäre Leitungsaufgabe, die prinzipiell nicht delegiert werden darf. Dies heißt nicht, dass sie Teilaufgaben nicht übertragen darf. Es heißt schlicht und einfach, dass sie die Gesamtführung und Gesamtverantwortung inne hat und wahrnehmen muss.

Die Schulleitung sorgt dafür, dass in der Schule ein Qualitätsbewusstsein entsteht und zusammen mit einer *Steuergruppe* ein Qualitätsmanagement-Konzept für die Schule entwickelt wird. Aus diesem resultieren sichtbare Maßnahmen:

- eine *Selbstevaluation*, aus der Verbesserungs- und Entwicklungsmaßnahmen abgeleitet werden
- ein *Schulleitbild*, in dem die Schulziele in Form von Leitsätzen verwirklicht sind
- ein *Schulprogramm*, in dem die pädagogischen Ziele und Maßnahmen für die nächsten Jahre verschriftlicht sind.

Damit dies auch tatsächlich gelingt, muss der Qualitätsentwicklungsprozess von der Schulleitung strategisch geführt werden. Außerdem muss sie ihn immer wieder bilanzieren durch Meilensteingespräche mit der *Steuergruppe* und den Projektgruppen.

Im Zuge der Entwicklung hin zur operativ eigenständigen Schule wird auch das Personalmanagement zu einer zunehmend wichtigen Leitungsaufgabe. Hierzu gehören vor allem die Personalgewinnung, die Personalauswahl, die Personalbeurteilung und die Personalförderung.

Die komplizierter gewordene Leitungsarbeit lässt sich nur dann wirksam bewältigen, wenn die beiden Leitungspersonen gut miteinander kooperieren und sich gegenseitig unterstützen (Münch 1999). Eine kooperative Führung ist ein gutes Vorbild für die gesamte kollegiale Zusammenarbeit. Grundbedingungen einer guten Leiter-Stellvertreter-Kooperation sind:

- Kooperationsbereitschaft
- Partnerschaftlichkeit
- Vertrauen
- gegenseitige Achtung
- Toleranz

- Sensibilität
- Mut zum Feedback
- Hilfsbereitschaft

Kooperation ist nur möglich, wenn der Schulleiter Arbeitsaufgaben an den Stellvertreter delegiert. Dies wird im Dialog erarbeitet. Ergebnis ist ein Geschäftsverteilungsplan, aus dem deutlich und transparent zu ersehen ist, wer für was zuständig ist.

Die Aufgabenverteilung bedeutet nicht, dass im entsprechenden Aufgabengebiet nur eine Person tätig ist. Über die primäre Verantwortlichkeit hinaus können zu jeder Zeit Kooperationen stattfinden.

Die Führungskooperation kann nur gelingen, wenn es regelmäßige wöchentliche Arbeitsbesprechungen gibt. Ideal wäre es, wenn Schulleiter und Stellvertreter am Montag und am Freitag sich zusammensetzen könnten.

Kooperative Führung in der Schulleitung hat auch Grenzen, weil das Rechtsverständnis von Schulleitung weiterhin ein monokratisches ist. Rechtlich liegt die Gesamtverantwortung weiterhin beim Schulleiter. Der Stellvertreter hat nur eine Vertretungsfunktion.

Literatur

Buchen, H./Rolff, H.G. (Hrsg.): Professionswissen Schulleitung. Weinheim und Basel: Beltz 2006.

Fend, H.: Schulkultur und Schulqualität. Die Institutionalisierung von Lehren und Lernen. Zeitschrift für Pädagogik, 36. Beiheft, 1996, S. 85–97.

Mortimore, P.: Schuleffektivität: Eine Herausforderung für die Zukunft. Zeitschrift für Pädagogik, 32. Beiheft, 1994, S. 117–134.

Münch, E.: Neue Perspektiven in der Schulleitung. Kooperation zwischen Schulleiter und Stellvertreter. Neuwied: Luchterhand 1999.

Seitz, H./Capaul, R.: Schulführung und Schulentwicklung. Theoretische Grundlagen und Empfehlungen für die Praxis. Bern: Haupt 2005.

Internetadressen

http://www.praxiswissen-schulleitung.de
http://www.schulleitung.at
http://www.schulleitung.de

Schulordnung

Kinder und Jugendliche haben ein unfertiges Regelbewusstsein beziehungsweise noch kein voll entwickeltes Gewissen. Deshalb sind sie angewiesen auf Orientierungen, Normverdeutlichungen, Warnschilder und Grenzziehungen. Hierzu trägt eine Schulordnung bei. Sie sollte enthalten:

- allgemeine, positiv formulierte Erwartungen an das Sozialverhalten der Schüler

- spezielle Gebote und Verbote, die zur Sicherung der schulorganisatorischen Abläufe und zur Sicherheit aller notwendig sind.

Will eine Schulordnung akzeptiert werden, muss sie von der Lehrer-, Schüler- und Elternschaft gemeinsam entwickelt werden. Hierzu sollte man eine paritätisch zusammengesetzte Projektgruppe bilden. Diese könnte als erstes eine Befragung durchführen. Ihr Ziel ist herauszufinden, was man an positiven Verhaltensweisen erwartet und wo Grenzziehungen vonnöten sind. Ausgehend von den Ergebnissen erarbeitet die Projektgruppe einen Entwurf, der in den Schulgremien so lange besprochen wird, bis eine konsensfähige Endversion verabschiedet werden kann.

Die Schulordnung muss nach der Verabschiedung sorgfältig multipliziert werden. Eine intensive Verdeutlichung ist auf der Klassenebene vonnöten, und zwar sowohl im Unterricht als auch am Elternabend. Diese Maßnahme wird wiederholt, wenn sich herausstellt, dass die Schülerinnen und Schüler die Schulregeln nicht verinnerlicht haben.

Die Normvermittlung kann durch folgende Aktionen zusätzlich gefördert werden:

- Entwurf einer motivierend gestalteten Kurzbroschüre,
- Entwurf von Plakaten und Piktogrammen im Kunstunterricht
- thematische Einbettung in einzelne Fächer.

Literatur

Keller, G./Hafner, K.: Soziales Lernen will gelernt sein. Lehrer fördern Sozialverhalten. Donauwörth: Auer 1999.

Keller, G.: Konfliktmanagement in der Schule. Moderieren, Lösen, Vorbeugen. Seelze-Velber 2001.

Internetadressen

http://www.ebg-kiel.de/ebg.php?tree_id=2&inhalt=9
http://www.fanny-hensel-grundschule.de/dateien/ordnung.htm
http://www.hauptschule-haltern.de/index.php?id=106
http://www.ksm-mr.de/ksm/sordnung.htm
http://nibis.ni.schule.de/~rsluech/Schulordnung.htm

Schulportfolio

Zusammenstellung von qualitätsrelevanten Unterlagen. Hierzu zählen das *Schulleitbild*, das *Schulprogramm*, die Schulbroschüre, das Qualitätsmanagementkonzept, Zahlen und Fakten, Ergebnisse bereits durchgeführter Selbstevaluationen, Presseartikel sowie Informationen über das Umfeld.

Das Schulportfolio wird in besonderer Weise bedeutsam, wenn eine Schule sich einer externen Evaluation unterziehen muss. Dann wird es dem externen Evaluationsteam übergeben und einer *Inhaltsanalyse* unterzogen. Die Evaluatoren leiten daraus erste Hypothesen zur Schulqualität ab, die im anschließenden Schulbesuch überprüft werden. Nach Beendigung der externen Evaluation wird es der Schule wieder zurückgegeben.

Das Schulportfolio dient nicht nur der Vorbereitung einer externen Schulevaluation, sondern es ist auch ein wichtiges Instrument des schulinternen *Qualitätsmanagements*. Darüber hinaus kann es auch für die Außendarstellung der Schule verwendet werden.

Literatur

Bildungsdirektion des Kantons Zürich (Hrsg.): Verfahrensschritte der Externen Schulevaluation. Zürich: Lehrmittelverlag des Kantons Zürich, 2001.

Internetadressen

http://www.learn-line.nrw.de/angebote/schulinspektion/portfolio.html
http://www.schule-bw.de/unterricht/evaluation/sev/schulportfolio.doc

Schulprofil

Unter Schulprofil versteht man das Charakterbild einer Schule. In ihm kommen die Besonderheiten einer einzelnen Schule zum Ausdruck. Durch das Schulprofil macht sich die Schule von anderen Schulen unterscheidbar.

Synonym kann man auch von Schulidentität oder Corporate Identity (CI) sprechen. Dieser Begriff stammt aus der Marketing-Sprache. Dort ist mit CI das Erscheinungsbild eines Unternehmens in der Öffentlichkeit gemeint. Viele Unternehmen haben eigene CI-Konzepte zur Gestaltung aller von der Öffentlichkeit wahrnehmbaren Merkmale – vom Firmenzeichen bis hin zum Serviceverhalten.

Zu unterscheiden vom Schulprofil ist zum einen der Begriff des *Schulprogramms*. Im Schulprogramm sind die pädagogischen Ziele und Schwerpunkte ausführlich beschrieben. Zum anderen wird Schulprofil immer wieder mit dem Begriff des *Schulleitbilds* verwechselt. Das Leitbild enthält in knapp formulierten Leitsätzen das, was die Schule für wichtig erachtet.

Kurz und knapp kann man diese drei Begriffe folgendermaßen formulieren:

• Das Schulprogramm ist der pädagogische Arbeitsplan der Schule.
• Das Schulleitbild ist die Visitenkarte der Schule.
• Das Schulprofil ist das Gesicht der Schule.

Zu fragen ist, wie ein Schulprofil entsteht. Zunächst einmal profiliert sich eine Schule durch alles, was von außen wahrgenommen werden kann – vom Unterricht über die Gestaltung der Schulumwelt bis hin zum Schulleben. In diesem Falle spricht man von einer natürlichen Profilentwicklung.

Wenn eine Schule durch innovative Projekte, durch ein Schulprogramm oder durch ein Schulleitbild sich systematisch erneuert, liegt eine geplante Profilentwicklung vor. Und wenn die Schule das Gute, das sie dabei leistet, augenfällig macht durch ansprechende Broschüren, Tage der offenen Tür, kulturelle Veranstaltungen und Pressearbeit, ist die Chance groß, dass sie vom Schulkunden positiv wahrgenommen wird.

Die geplante Profilentwicklung wird dort wichtig, wo sich Schulen in einer marktähnlichen Situation um Schülerinnen und Schüler bemühen müssen. Wer die Nachfrage günstig beeinflussen möchte, muss etwas für sein Profil tun. Wer der Meinung ist, dass die Schule am Markt gut positioniert ist und dies durch gute Nachfragezahlen belegen kann, muss nicht unbedingt intensives Schulmarketing betreiben.

Eine systematische Profilentwicklung gelingt dann gut, wenn

- es hierfür ein gemeinsam erarbeitetes Konzept gibt
- klar ist, wer für welche Aktivitäten verantwortlich ist
- die Aktivitäten fortlaufend bilanziert und reflektiert werden
- immer wieder kritisch geprüft wird, ob die persönlichen und gemeinsamen Ressourcen ausreichen.

Literatur

Lohmann, A./Hajek, M./Döbrich, P.: Identität und Schulprogramm. Die Steinwaldschule. Der Weg zum selbstständigen sozialen Lernen. Lichtenau: AOL 1997.

Regenthal, G.: Corporate Identity in Schulen. Neuwied: Luchterhand 2001 (2. Aufl.).

Internetadressen

http://www.ci-akademie.de
http://www.qis.at

Schulprogramm

Ursprünglich waren Schulprogramme Tätigkeitsberichte, die im 19. Jahrhundert von den Schulleitern der Gymnasien zur Rechenschaft verfasst und der Schulbehörde vorgelegt wurden. Durch sie erhielt man Einblick in die Unterrichtsarbeit und in das Schulleben, Darüber hinaus befanden sich darin auch Abhandlungen einzelner Lehrer.

Heutzutage versteht man unter Schulprogramm ein verschriftlichtes pädagogisches Konzept, das die wesentlichen Zielvorstellungen und Arbeitsschwerpunkte einer Schule enthält. Man kann auch sagen, dass im Schulprogramm das pädagogische Selbstverständnis einer Schule zum Ausdruck kommt. Häufig entsteht es im Kontext einer inneren *Schulentwicklung*, an der alle Schulpartner (Lehrer, Eltern, Schüler) beteiligt sein sollten.

Am Anfang einer Schulprogramm-Entwicklung muss ein breiter Konsens stehen, der an deutlichen Mehrheiten bei Abstimmungen der entsprechenden Schulgremien (Gesamtlehrerkonferenz, Schulkonferenz) ablesbar ist. Dann ist eine ehrliche Bestandsaufnahme der Schulsituation vonnöten. Darauf aufbauend müssen pädagogische und organisatorische Ziele und Visionen formuliert werden.

Ein Schulprogramm hat nur dann eine Verwirklichungschance, wenn aus den Zielsetzungen konkrete Maßnahmen und Änderungsschritte abgeleitet werden, die kontinuierlich in den Schulalltag umzusetzen sind. Hierfür braucht man ein gutes *Projektmanagement*. Das heißt, es wird erstens geklärt werden, wer wann welche Schritte und Maßnahmen durchführt. Zweitens ist es unerlässlich, in regelmäßigen Abständen gemeinsam und ehrlich die Änderungsarbeit zu bilanzieren. Und drittens muss das Schulprogramm verschriftlicht werden. Am besten erledigt diesen Auftrag eine Redaktionsgruppe, die hierfür vom Kollegium oder von der Schulkonferenz einen Auftrag erhält. Ihr Entwurf geht wieder zurück an die Gremien mit der Bitte, ihn kritisch zu lesen und gegebenenfalls mit Änderungswünschen zu versehen. Die gesamte Prozedur endet damit, dass das Schulprogramm von der Gesamtlehrerkonferenz und der Schulkonferenz offiziell verabschiedet wird.

Eine Schule tut gut daran, die Schulprogramm-Entwicklung nicht selbst durchzuführen, sondern mit Hilfe externer Begleitung durch eine Schulberaterin oder einen Schulberater. Ansonsten drohen Programmabstürze und schwer lösbare Prozesskonflikte.

Aufgrund des raschen externen und internen Wandels sollte ein Schulprogramm spätestens nach 5-7 Jahren überprüft bzw. überholt werden.

Literatur

Philipp, E./Rollf, H.G.: Schulprogramme und Leitbilder entwickeln. Ein Arbeitsbuch. Weinheim und Basel: Beltz 1999 (3. Aufl.).

Rolff, H.-G./Buhren, C.G./Lindau-Bank, D./Müller, S.: Manual Schulentwicklung. Handlungskonzept zur pädagogischen Schulentwicklungsberatung (SchuB). Weinheim und Basel: Beltz 2000 (3. Aufl.).

Internetadressen

http://www.ifs.uni-dortmund.de
http://www.qis.at

Schulqualität

In allen entwickelten Staaten ist die Schulqualität zu einem bildungs- und gesellschaftspolitischen Schwerpunktthema geworden. Begründet wird dies erstens damit, dass der Steuerbürger als Finanzier der Schule ein Anrecht auf Schulqualität in Form guter Erziehungs- und Unterrichtsleistungen hat. Zum anderen weiß man, dass der ökonomische Erfolg einer Gesellschaft und ihr Kulturniveau von einer guten Bildungsqualität abhängen.

Diese Positionen werden in gleich starkem Maße inzwischen auch von der Elternschaft vertreten. Man spricht diesbezüglich vom Qualitätsanspruch der Schulkunden.

Was Schulgüte konkret bedeutet, versucht die Schulqualitätsforschung empirisch zu ermitteln. Schulforscher wie Rutter (1980, Lightfood (1985), Mortimore (1988), Teddle/Springfield (1993), Altrichter/Radnitzky/Specht (1994), Creemers (1994), Sammons (1995) und andere haben in umfangreichen Studien die Merkmalsstruktur der guten Schule eruiert und ableitend daraus Qualitätsstandards definiert. Aus ihren Erkenntnissen resultieren Qualitätsmerkmale, an Hand deren sich die Schulqualität einer einzelnen Schule bewerten lässt. Zentrale Merkmale einer guten Schule sind:

- kompetente und kooperative Schulleitung: Zielklarheit, Anerkennung und Wertschätzung, wirksames Management, Transparenz im Werdeprozess wichtiger Schulentscheidungen, Führen im Team, Delegation von Verantwortung, teilnehmerzentrierte Konferenzgestaltung, genügend Freiraum für Lehrer und Schüler

- gemeinsames *pädagogisches Konzept*: Grundkonsens hinsichtlich der Leistungs- und Verhaltenserwartungen, gemeinsam erarbeitete Grundsätze als Arbeitskompass, regelmäßige Reflexion der pädagogischen Arbeit in den Konferenzen

- Leistungsorientierung: altersgemäße Ansprüche an das Lern- und Leistungsverhalten, gute Arbeitsmoral, regelmäßige Leistungskontrollen, Lernanreize

- Lernförderung: Vermittlung von Lern- und Arbeitsmethoden, regelmäßige Stoffwiederholung, individuelle Lernberatung, schülerzentrierte Unterrichtsformen (Partnerarbeit, Gruppenarbeit, Freiarbeit, Lernzirkel, Projektarbeit)

- Sozialerziehung: Normverdeutlichung und Grenzziehung, Verhaltenskodex für die ganze Schule, systematisches soziales Lernen, konsequentes Reagieren bei gravierenden Normverletzungen, Garantie des Rechts auf seelische und körperliche Unversehrtheit, Ausbildung von Schüler-Streit-Schlichtern

- viele Lehrer-Schüler-Gespräche: offenes Ohr für Schulprobleme, regelmäßige Klimapflege durch Klassengespräche, Einzelgespräche mit Problemschülern

- intensive kollegiale Kommunikation und Kooperation: offene Kommunikation, einfühlende Anteilnahme, Entlastungsgespräche, gemeinsame Konfliktlösungen, sachlich-fachlicher Austausch, Abstimmung und Absprache auf Klassenebene

- schulinterne Lehrerfortbildung: regelmäßige pädagogische Tage, fachschaftsinterne Fortbildungen, pädagogische Arbeitskreise

- gute Kooperation mit dem Elternhaus: offenes Ohr für Elternanliegen, frühe Kontaktaufnahme bei Problemen, Achtung und Einbindung der Elternvertretung

- reges *Schulleben*: Kompensation der Verkopfung durch Feste und Feiern, Fahrten, Schülerausstellungen, Projekttage und karitative Aktionen

- Lebensoffenheit: gute Beziehungen zum kommunalen Umfeld, zur Berufs- und Arbeitswelt, zu psychosozialen Einrichtungen

• förderliche *Schulumwelt*: regelmäßige Pflege des Schulgebäudes und der Außenanlagen, freundlich gestaltete Klassenzimmer, schülergerechter Pausenhof mit Bewegungs- und Spielmöglichkeiten

Literatur

Altrichter, H./Radnitzky, E./Specht, E. (Hrsg.): Innenansichten guter Schulen. BMUK: Wien 1994.

Brookover, W. et al.: School Social Systems and Student Achievement – Schools can make a Difference. New York: Praeger 1979.

Creemers, B.: The effective classroom. London: Cassell 1994

Landwehr, N.: Basisinstrument zur Schulqualität. Systematische Darstellung wichtige Qualitätsansprüche an Schulen und Unterricht. Bern: hep verlag 2003 (2. Aufl.).

Lightfood, S. L.: The Good High School. New York: Basic Books 1985

Mortimore, P. et al.: School Matters: The Junior Years. Salisbury: Open Books 1988.

Rutter, M. et al.: Fünfzehntausend Stunden – Schulen und ihre Wirkungen auf Kinder. Weinheim und Basel: Beltz 1980.

Sammons, P.: Key Characteristics of Effective Schools: A Review of School Effectiveness research: London: OFSTED and Institute of Education 1995.

Stern, C./Döbrich, P.: Wie gut ist unsere Schule? Gütersloh: Verlag Bertelsmann Stiftung 1999

Teddle, Ch./Springfield, S.: Schools Do make a Difference: Lessons Learned from a 10-Year Study of School Effects. New York: Teachers College Press 1993.

Internetadressen

http://bildungsqualitaet.lernnetz.de

http://europa.eu.int/comm/education/policies/educ/indic/rapinde.pdf

http://www.ifs.uni-dortmund.de

http://www.qis.at/start.htm

http://www.schule-bw.de/unterricht/schulentwicklung/eis/

Schulrundgang

Verfahrensschritt in der *Fremdevaluation*. Ziel des Schulrundgangs ist es, die Fluren und Räume, die Außenanlagen sowie die sichtbaren sozialen Interaktionen systematisch in Augenschein zu nehmen. Die gewonnenen Beobachtungsdaten fließen in den *Evaluationsbericht* ein.

Schulumwelt

Die räumliche Beschaffenheit einer Schule beeinflusst das Verhalten der dort Lehrenden und Lernenden. Aus der Schulqualitätsforschung lassen sich eine Reihe wichtiger ökopsychologischer Erkenntnisse ableiten. Eindeutig ist, dass eine generell unwirtliche Schulumwelt das Befinden aller beeinträchtigt und die Aggressivität erhöht. Ein weiterer Negativfaktor ist der Lärm. Je höher der Lärmpegel, desto gereizter und aggressiver sind die Menschen. Des Weiteren ist festgestellt worden, dass kahle Klassenzimmer und Gänge sowie unfreundliche Pausenhöfe die Schulidentifikation, Schulmotivation und Neugierde beeinträchtigen. Und haben Schülerinnen und Schüler wenig Bewegungs- und Spielmöglichkeiten in der Pause, geraten sie häufiger miteinander in Streit. Aufbauend auf diesen Erkenntnissen und auf praktischen Erfahrungen lassen sich Anregungen und Hilfen für eine positive Schulumweltgestaltung formulieren:

- kontinuierliche Pflege des Gebäudes und der Räume
- Delegation von Pflegeaufgaben an die Klassen und an Einzelne
- freundliche Gestaltung von Klassenzimmern (Blumen, Bilder, Ausstellung von Lernprodukten, Buchecken)
- freundliche Gestaltung der Gänge und Aufenthaltsräume
- regelmäßige Kunstausstellungen
- Schaffung von Ruhe-, Bewegungs- und Rückzugsmöglichkeiten
- schülergerechte Schulhofgestaltung (Grüninseln, Kleinspielflächen, Spielgeräte)
- Schulgarten, Kaltgewächshaus, Teich
- motivierende Außenwände (Malaktionen mit Eltern und Schülern)

Interessant zu wissen ist, dass ein altes Schulgebäude durchaus positiv erlebt werden kann, wenn es gepflegt und in Stand gehalten wird. Wichtig ist nicht das Alter des Gebäudes, sondern die Pflege des Gebäudes.

Literatur

Hellbrück, J./Fischer, M.: Umweltpsychologie. Ein Lehrbuch. Göttingen: Hogrefe 1999.
Miller, R.: Umweltpsychologie. Eine Einführung. Stuttgart: Kohlhammer 1998.

Internetadressen

http://www.fernuni-hagen.de/oekopsych/
http://www.ph-heidelberg.de/org/phb/Schul.html
http://www.schulhofumgestaltung.de

Score

Punktwert in einem Fragebogen oder *Test*.

SEIS

SEIS (Selbstevaluation in Schulen) ist ein Steuerungsinstrument für die schulische Qualitätsentwicklung. Es wurde im „Internationalen Netzwerk Innovativer Schulsysteme" (INIS) der Bertelsmann Stiftung entwickelt und erprobt. Und es beruht auf dem gemeinsamen Qualitätsverständnis der am INIS-Projekt beteiligten Schulen.

Ausgerichtet ist SEIS auf folgende fünf Dimensionen der Schulqualität, denen Kriterien und Indikatoren zugeordnet sind:

- Bildungs- und Erziehungsauftrag
- Lernen und Lehren
- Führung und Management
- *Schulklima* und *Schulkultur*
- Zufriedenheit

Zentrale Instrumente von SEIS sind Fragebögen für Lehrer, Schüler, Eltern, sonstige Mitarbeiter der Schule und Ausbilder. Darüber hinaus gibt es ein Schulleitungsformular (SLEF), mit dem bereits vorhandene Dokumente, Statistiken und andere qualitätsrelevante Materialien analysiert werden können.

Die Fragebogenaktion kann in Papierform oder online durchgeführt werden. Die Untersuchungsdaten sind die Basis für den Evaluationsbericht. Dieser gibt Auskunft über sie Stärken und Schwächen der Schule. Wenn sich diese außerdem vergleichen möchte, werden ihr Durchschnittsdaten von Vergleichsschulen zur Verfügung gestellt.

SEIS informiert auch darüber, wie aus einer *Bestandsaufnahme* Verbesserungsmaßnahmen abgeleitet werden. Verdeutlicht wird dies durch die Darlegung von Erfolgsfaktoren und durch positive Entwicklungsbeispiele.

Literatur

Bertelsmann Stiftung: SEIS macht Schule ... Bessere Qualität in allen Schulen. Gütersloh 2005.

Stern, C./Mahlmann, J./Vaccaro, E. (Hrsg.): Vergleich als Chance. Schulentwicklung durch internationale Qualitätsvergleiche. Gütersloh: Bertelsmann Stiftung 2003

Internetadresse

www.das-macht-schule.de

Selbstevaluation

Selbstevaluation ist ein von der Einzelschule beschlossene, geplante und durchgeführte Bewertung der pädagogischen Arbeit. Zum einen evaluiert sich die einzelne Schule, um sich ihrer Qualität zu vergewissern. Sie möchte genauer wissen, wo sie steht und wie gut sie ist. Zum anderen legt sie durch die Selbstevaluation Rechenschaft darüber ab, wie gut sie die Ressourcen, die sie vom Steuerzahler erhält, umsetzt.

Am Beginn der Selbstevaluation muss allen klar sein, dass es sich nicht um eine Selbstgratulation handelt. Selbstevaluation ist eine systematische und selbstkritische Analyse der Schulqualität, die sich an Standards und Gütekriterien orientiert. Als Orientierungsrahmen bieten sich sowohl *Bildungsstandards* an als auch Merkmale guter Schulen an, die aus der Schulqualitätsforschung abgeleitet werden.

Um die Selbstprüfung professionell zu gestalten, muss die Schule sich von Fachleuten beraten und begleiten lassen, die evaluatorisch kompetent sind. Zusammen mit den Prozessbegleitern überlegt die Schule

- ob die gesamte Schule oder nur Teilbereiche evaluiert werden
- welche *Evaluationsmethoden* verwendet werden
- in welcher Form die Schüler und Eltern eingebunden werden
- wie die Daten ausgewertet und dargestellt werden
- wer über die Ergebnisse informiert wird
- wie der Zeitplan konkret aussieht.

Auch wenn die Begleitung durch Prozessbegleiter unerlässlich ist, muss es ein schulinternes Pendant geben. Und dieses ist eine *Steuergruppe*, die den Evaluationsprozess lenkt. Ihr gehören die Schulleitung, Lehrpersonen sowie Vertreter der Schüler- und Elternschaft an. Diese repräsentative Zusammensetzung fördert die Identifikation mit dem Vorhaben. Das Plazet für die Selbstevaluation erteilt die Schulkonferenz.

Wenn die *Datenerhebung* abgeschlossen ist, erfolgt die *Datenanalyse*. In einer oder mehreren Evaluationskonferenzen werden die Ergebnisse interpretiert, reflektiert und in ein Verbesserungsprogramm integriert. Letzteres heißt nicht nur, Maßnahmen zu entwerfen, sondern auch exakt zu klären, wer was wann umsetzt.

Zur Sicherung der Umsetzung finden in größeren zeitlichen Abständen immer wieder Bilanzsitzungen statt. Sie sollten von den Begleitern moderiert werden. Leitfragen für die Bilanzierung sind:

- Wie ist der Stand der Umsetzung?
- Was kann abgeschlossen werden?
- Was muss fortgesetzt werden?
- Was erweist sich als nicht umsetzbar?
- Was muss in das Entwicklungsprogramm neu aufgenommen werden?

Sowohl die Ergebnisse der Selbstevaluation als auch das daraus resultierende Qualitätsentwicklungsprogramm werden ins *Schulportfolio* aufgenommen. Diese „Leistungsmappe" ist das Dokument, das zu einem anderen Zeitpunkt dem Fremdevaluationsteam übergeben wird.

Diese große Selbstevaluation als Gesamtanalyse der Schule muss durch permanente kleine Evaluationen ergänzt werden:

- regelmäßige Bewertung des Leistungs- und Sozialverhaltens in der Klassenkonferenz
- regelmäßige Reflexion der pädagogischen Arbeit in Gesamtlehrerkonferenzen
- Feedback-Gespräche und Feedback-Untersuchungen mit der Klasse
- Feedback-Sitzungen mit der Klassenelternschaft oder dem Elternbeirat.

Stufen der Selbstevaluation

1. Klärung des Evaluationsziels
2. Auswahl von Evaluationsbereichen und Evaluationsinstrumenten

3. Durchführung der Evaluation
4. Ableitung von Änderungsmaßnahmen
5. Umsetzung in den Schulalltag
6. Zwischenbilanzen
7. Abschlussbilanz

Literatur

Altrichter, H./Messner, E./Posch, P.: Schulen evaluieren sich selbst. Ein Leitfaden. Seelze: Kallmeyer 2004.
Buhren, C./Killus, D./Müller, S.: Wege und Methoden der Selbstevaluation. Ein praktischer Leitfaden für Schulen. Dortmund: IFS 1998.
Keller, G.: Qualitätsentwicklung in der Schule. Ziele, Methoden, kleine Schritte. Heidelberg und Kröning: Asanger 2002.

Internetadressen

http://www.eis-bw.de
http://www.ifs.uni-dortmund.de
http://www.qis.at
www.das-macht-schule.de

Signifikanz

Wichtiges Kriterium für die Gültigkeit von Untersuchungsergebnissen. Man nennt ein Ergebnis statistisch signifikant, wenn die empirischen Ergebnisse so weit von den theoretischen Werten abweichen, dass sie einer wahrscheinlichkeitstheoretischen Prüfung standhalten. Die Abweichung ist dann bedeutsam und nicht mehr zufällig.

Signifikanzniveau

Fehlergrenze, bei der eine Hypothese als akzeptiert oder abgelehnt gilt.

SMART

Unklare Zielformulierungen sind eine häufige Ursache für das Scheitern von Veränderungsprojekten. Um dies zu verhindern, müssen Ziele klar beschrieben werden. Hilfreich sind dabei die im Akronym SMART enthaltenen Kriterien:
Specific: Das Ziel ist eindeutig definiert.
Measurable: Das Ziel ist messbar.
Achievable: Das Ziel ist erreichbar.
Relevant: Das Ziel ist von Bedeutung.
Timely: Zum Ziel gehört eine Terminvorgabe.

SOFT-Analyse

Wenn eine Schule Gegenwart und Zukunft gleichzeitig analysieren möchte, bietet sich die SOFT-Analyse als Evaluationsverfahren an. SOFT ist das Initialwort für folgende vier Begriffe

Satisfactions: Zufriedenheit, Aspekte, mit denen man zufrieden ist

Opportunities: Möglichkeiten, Zukunftschancen, Herausforderungen

Faults: Fehler, Probleme, Schwächen

Threats: Gefährdungen, Bedrohungen, Gefahren

Diesen vier Analysebereichen lassen sich Fragen zuordnen, die von den Teilnehmerinnen und Teilnehmer beantwortet werden:

Satisfactions
- Was läuft gut?
- Womit sind wir zufrieden?
- Was sind unsere Stärken?

Opportunities
- Wo liegen unsere Chancen?
- Was sollten wir nutzen?
- In was sollen wir investieren?

Faults
- Wo sind unsere Schwachstellen?
- Wo gibt es Konflikte?
- Woran müssen wir areiten?

Threats
- Wo lauern Gefahren?
- Wo könnte es ungünstige Entwicklungen geben?

Diese Fragen werden in Kleingruppen bearbeitet. Jede teilnehmende Person beantwortet sie zunächst in einer Stillarbeit einzeln und trägt sie in das SOFT-Formular ein. Danach tauscht man die Ergebnisse in der Kleingruppe aus. Am Ende der Gruppenarbeit werden die einzelnen Antworten zu einem Gruppenergebnis synthetisiert. Im Plenum präsentieren und reflektieren die Kleingruppen ihre Arbeitsergebnisse. Aufbauend darauf werden die Gruppenanalysen zu einer Gesamtanalyse zusammengefasst, aus der ersichtlich ist, wo die Stärken, Chancen, Schwächen und Gefahren liegen. Diese Gesamtanalyse ist die Grundlage für die Planung von Veränderungsmaßnahmen.

Unsere Gegenwart	Unsere Zukunft
Stärken	Chancen
Schwächen	Gefahren

Abb. 8 SOFT-Formular

Literatur

Eck, C. D.: Rollencoaching als Supervision - Arbeit an und mit Rollen in Organisationen. In: Fatzer, G.: (Hrsg.): Supervision und Beratung. Köln: Edition Humanistische Psychologie 1990.

Schley, W: Change Management: Schule als lernende Organisation. In: Altrichter, H./Schley, W./ Schratz, M. (Hg.): Handbuch zur Schulentwicklung. Innsbruck: Studienverlag, 1998.

Internetadressen

http://www.qis.at/qis.asp?Dokument=36&Reihenfolge=1

http://www.ebner.ksn.at/diversestes/downloads/SWOT-Analyse.doc

Standardabweichung

Statistische Maßzahl für die Streuung von Messwerten. Man erhält sie, indem man die Quadratwurzel aus dem Durchschnitt der quadratischen Abweichungen der Messwerte von ihrem Mittelwert berechnet. Das Quadrat der Standardabweichung wird als *Varianz* bezeichnet.

Stärken-Schwächen-Analyse

Bestandsaufnahme, die in übersichtlicher Form darüber Aufschluss geben soll, was an einem Evaluationsgegenstand gut ist und was verbesserungsbedürftig ist. Sie kann zum einen in Form einer *Kartenabfrage* erfolgen, in deren Mittelpunkt zwei Leitfragen stehen (z. B. Was sind die Stärken unserer pädagogischen Arbeit? Wo liegen die Schwächen?). Zum anderen ist es aber auch möglich, eine schriftliche *Befragung* mit einem *Fragebogen* durchzuführen und aus dem Ergebnisbild Stärken und Schwächen abzuleiten. Wenn zusätzlich zur Stärken-Schwächen-Analyse auch künftige Chancen und Gefahren herausgefunden werden sollen, bietet sich die *SOFT-Analyse* als Methode an.

Steuergruppe

Wenn sich eine Schule sich auf den Weg einer inneren Schulentwicklung begibt, benötigt sie eine Steuergruppe. Sie ist die Schnittstelle zwischen den verschiedenen Projekt- und Interessengruppen. Sie sorgt dafür, dass aus den Entwicklungsimpulsen ein nachhaltiger Entwicklungsprozess wird.

Diese setzt sich aus 4-8 Personen zusammen, arbeitet im Auftrag des Kollegiums für einen festgelegten Zeitraum und ist diesem gegenüber informationspflichtig. Sie plant, koordiniert und reflektiert die Entwicklungsaktivitäten. Sie ist repräsentativ zusammengesetzt. Das heißt, dass in ihr Schulleitung, Kollegium sowie Schüler- und Elternschaft vertreten sind. Die Kollegiumsvertreter sollen nicht nur aus Aktivisten bestehen, sondern auch aus Personen, die zum Prozess skeptisch eingestellt sind.

Die Arbeit in der Steuergruppe bedarf einer ziel- und ergebnisorientierten *Moderation*. Die moderierende Person achtet darauf, dass die Kommunikation sachlich und klimatisch gut verläuft. Falls nötig, sollte sich die Steuergruppe in einer schulinternen oder schulexternen Lehrerfortbildung *Moderationsmethoden* aneignen.

Wichtig ist auch, dass die Ergebnisse der Gruppensitzungen fortlaufend dokumentiert und den Schulgruppen (Kollegium, Elternschaft, Schülerschaft) transparent kommuniziert werden. Somit wird verhindert, dass die Steuergruppe zur Machtinstanz wird.

Nicht vergessen werden darf, einen Gruppensprecher zu wählen. Dieser ist Ansprechpartner für die Projektgruppen und alle Personen, die Fragen haben oder Anregungen vermitteln möchten. Er tritt auch in Aktion, wenn die Steuergruppe in den verschiedenen Schulgremien Bericht erstattet.

Die an den Steuergruppen-Sitzungen teilnehmende Schulleitungsperson sollte nicht den „Rollenhut" des Leiters tragen, sondern sich als unterstützendes Mitglied verstehen. Ihre Gesamtverantwortung für den Qualitätsentwicklungsprozess bleibt davon jedoch unberührt.

Schließlich sei noch darauf hingewiesen, dass eine Steuergruppe eine externe Prozessbegleitung nicht ersetzen kann. Um zu verhindern, dass blinde Flecken zu Entwicklungsproblemen und Prozesskonflikten führen, sind in größeren Intervallen gemeinsame Bilanzen und Reflexionen mit externen Beratern vonnöten. Diese können sowohl in der Steuergruppe als auch in anderen Gremien stattfinden (z. B. Gesamtlehrerkonferenz, Schulkonferenz).

Literatur

Horster, L.: Auftakt und Prozessbegleitung in der Entwicklung einer Schule. In: Altrichter, H./ Schley, W./Schratz, M. (Hrsg.): Handbuch zur Schulentwicklung. Innsbruck. Studien-Verlag 1998.

Rolff, H.-G./Buhren, C.G./Lindau-Bank, D./Müller, S.: Manual Schulentwicklung. Handlungskonzept zur pädagogischen Schulentwicklungsberatung (SchuB). Weinheim und Basel: Beltz 2000 (3. Aufl.).

Internet

http://www.schule-und-co.de/dyn/bin/1441-2040-1-steuergruppen-sem-kurz.pdfsearch='Steuergruppe'

Steuerung

Unter Steuerung versteht man die Regelung von Prozessen aller Art. Aus kybernetischer Sicht werden Prozesse in Form von Regelkreisen gesteuert. Ein Regelkreis ist ein geschlossener Wirkungskreis, der aus der Regelstrecke und einem Regler besteht. Ein Messglied misst die einzuhaltende Regelgröße (z. B. Temperatur). Eine Abweichung des Ist-Werts vom Soll-Wert bewirkt einen Regelbefehl, der über den Regler ein Stellglied so steuert, dass die Abweichung des Ist-Wertes vom Soll-Wert aufgehoben wird. Dieser Vorgang wird als Rückkoppelung oder Feedback bezeichnet.

Schließlich ist Steuerung ein Begriff, der auch in der Managementtheorie in Anlehnung an die Kybernetik verwendet wird. Steuerung geschieht aus managementtheoretischer Sicht durch Zielsetzung (Festlegung von Soll-Werten) und *Controlling* (Ist-Soll-Vergleiche). Sie vollzieht sich in Zielformulierungs-Zielüberprüfungs-Regelkreisen.

In der Managementpraxis bedeutet das Konzept der Steuerung, dass möglichst viele Kompetenzen auf nachgeordnete Organisationseinheiten übertragen werden. Diese agieren im Kontext von Soll-Vorgaben (management by objectives) beziehungsweise eines Handlungsrahmens mit relativ viel operativer Freiheit. Die übergeordnete Instanz mischt sich in das operative Geschäft nicht ein beziehungsweise sie schaut den Akteuren nicht auf die Finger. Allerdings übt sie eine Fortschritts- und Ergebniskontrolle aus.

Für diese Art von Steuerung sind vonnöten:

- eine klare Zielsetzung
- eine Timeline der Zielerreichung
- eine schriftliche Zielvereinbarung
- Rückmeldungen in Form von Berichten
- Ist-Soll-Vergleiche.

Im Falle negativer Abweichungen, muss das zielsetzende System intervenieren (management by exceptions). Um Defizite und Fehlentwicklungen zu vermeiden, vereinbart es mit den Betroffenen Korrekturmaßnahmen und denkt mit ihnen darüber nach, wie das Beste aus neuen Chancen herausgeholt werden kann. Eine solche Aktion wird als Steuerungsmaßnahme bezeichnet.

Literatur

Schwarz, P.: Management-Brevier für Nonprofit-Organisationen. Bern 1996.
Töpfer, A.: Die erfolgreiche Steuerung öffentlicher Verwaltungen. Wiesbaden 2000.

Broekmate, L./Dahrendorf, K./Dunker, K.: Qualitätsmanagement in der öffentlichen Verwaltung. München 2001

Internetadresse

http://www.projektmagazin.de/glossar/gl-0202.html

Stilles Schreibgespräch → Moderationsmethoden

Stimmungsbarometer → Moderationsmethoden

Supervision

Immer mehr Angehörige psychosozialer Berufe erhalten während ihrer Ausbildung und während ihrer beruflichen Tätigkeit in regelmäßigen Abständen praxisbeleitende Beratung. Nur durch diese Supervision, so die Begründung, ist es möglich, den schwierigen Berufsalltag persönlich zu verkraften und Probleme kompetent zu lösen. Hauptziele der Supervision sind die Sensibilisierung für den eigenen Problemanteil in als schwierig erlebten Berufssituationen, die Lösung schwieriger Fälle und die Erweiterung des persönlichen Repertoires.

Da nicht nur der psychosoziale, sondern auch der schulische Berufsalltag immer komplizierter wird, gibt es auch bei Lehrerinnen und Lehrern einen starken Supervisionsbedarf. Hauptargument der Forderung nach mehr Schulsupervision ist, dass der Anteil verhaltensschwieriger Schüler stark zugenommen habe. Der Umgang mit diesen Problemfällen ist tatsächlich so belastend, dass für die Problembewältigung und Belastungsverarbeitung praxisbegleitende Hilfe vonnöten ist.

Der schulische Supervisionsbedarf lässt sich aber nicht nur mit dem Anstieg von Verhaltensstörungen begründen, sondern auch mit Schwierigkeiten, die in der Lehrerpersönlichkeit liegen. Sowohl Studien zum Burnout als auch Erfahrungen aus der Lehrerberatung lassen diesen selbst produzierten Problemanteil deutlich erkennen. Der persönliche Anteil resultiert nicht selten aus unreflektierter Berufswahl, irrationalen Erwartungen, Kommunikationsfehlern sowie mangelhaften Strategien der Konflikt- und Stressbewältigung.

Inzwischen liegen für die Schule brauchbare Supervisionskonzepte vor. Es gibt zum einen regionale und schulinterne Supervisionsgruppen, die von externen Spezialisten (z. B. Schulpsychologen) betreut werden. Und zum anderen kommt es auch immer wieder vor, dass Lehrerinnen und Lehrer sich zu selbstorganisierten Gruppen zusammenschließen, in denen die Supervision selbsthelfend ohne Supervisor (*Intervision*) abläuft. Das Supervisionsangebot wird verstärkt in Anspruch genommen von Sonderschullehrern, von Hauptschullehrern in sozialen Brennpunkten, von Berufsschullehrern in Berufsvorbereitungsklassen und von Beratungslehrern.

Eine Supervisionsgruppe umfasst circa 10 Teilnehmerinnen und Teilnehmer, trifft sich durchschnittlich einmal pro Monat und ist prinzipiell freiwillig. Eine Supervisionssitzung läuft gewöhnlich in festen Phasen ab. Sie beginnt mit dem Fallbericht. Die vortragende Lehrperson beschreibt zum Beispiel ein Disziplinproblem. Während ihres Berichts hören die Gruppenmitglieder aufmerksam zu. Danach findet eine Feedbackrunde statt, in der die übrigen Teilnehmerinnen und Teilnehmer ausdrücken, was der Fall in ihnen ausgelöst hat und was sie äußerlich am Berichtenden beobachtet haben. Auf der Grundlage des dargebotenen Materials wird der Fall gemeinsam durchgearbeitet mit dem Ziel, ein Erklärungsmodell zu finden. Hat sich dieses herauskristallisiert, geht es darum, gemeinsam eine Lösungsstrategie zu entwickeln. Sie kann zum Beispiel darin bestehen, dass der Supervisand die eigenen Gefühle in künftigen Konfliktsituation direkter auszuspricht, den Problemschüler anders wahrnimmt und wirksamer auf seine Provokationen zu reagiert. Manche Änderungsstrategie kann im Rollenspiel erprobt werden. Am Ende der Sitzung nimmt der Supervisand zu dem Erklärungsmodell und zu den Lösungsvorschlägen Stellung. Was er in die Praxis umsetzt, bleibt ihm überlassen. Ob die Bewusstmachung des persönlichen Anteils am Problem und die Änderungsstrategien ihn weitergebracht haben, ist eine Frage, auf die er in einer der nächsten Sitzungen antwortet. Während der Sitzung verhält sich der Supervisor großenteils moderierend und reflektierend. In stärkerem Maße interveniert er nur dann, wenn gravierende gruppendynamische Konflikte auftreten oder der Problemlöseprozess blockiert ist.

Es wäre sehr wünschenswert, wenn Supervision in der Schule noch stärker als bisher analog dem Beispiel der psychosozialen Berufsfelder implementiert werden würde. Eine solche Investition lohnt sich, da die Kompetenzverbesserungen der Qualität von Schule und Schulsystem zugute kommen.

Literatur

Brandau, H./Schüers, W.: Spiel- und Übungsbuch zur Supervision. Salzburg: Müller 1995.

Ehinger, W./Hennig, C.: Praxis der Lehrersupervision. Leitfaden für Lehrergruppen mit und ohne Supervisor. Weinheim und Basel: Beltz 1997 (2. Aufl.).

Internetadressen

http://www.hausarbeiten.de/rd/archiv/paedagogik/paed-text69/paed-text69.shtml
http://www.schulpsychologie.de/kollegen/supervision.htm

Team

Im ursprünglichen Sinne heißt Team Mannschaft. Es ist ein Begriff, der aus der Sprache des Sports kommt. Inzwischen nennt man Gruppen, die gemeinsam Aufgaben bewältigen, Teams. Die Arbeit, die solche Gruppen gemeinsam leisten, wird Teamarbeit genannt. Die Mitglieder eines Teams haben klar definierte Rollen und Teilaufgaben.

Die Gesamtleistung von Organisationen steht und fällt mit den Leistungen der einzelnen Arbeitsteams. Deshalb wird in großen Unternehmen sehr viel Geld in die Förderung der Schlüsselqualifikation „Teamfähigkeit" und in die Teamentwicklung investiert.

Eine Gruppe, so eine Grunderkenntnis der Sozialpsychologie, ist noch kein Team. Eine Gruppe muss zur reifen Gruppe, zum gut eingespielten Team werden. Von einem Team kann dann gesprochen werden, wenn die Teammitglieder auf der Beziehungsebene gut miteinander können und gute Leistungen erzielen.

Teamarbeit in der Schule ist gemeinsame Bewältigung pädagogischer Aufgaben durch viel Arbeitsteilung, Austausch, Abstimmung und Absprache. Leider überwiegt in der Schule immer noch das Einzelkämpfertum, so das Ergebnis der zahlreichen Bestandsaufnahmen, die ich in den letzten Jahren im Kontext innerer Schulentwicklungen durchgeführt habe. Aus den Soll-Analysen, die darauf aufbauend angefertigt wurden, geht der klare Wunsch vieler Lehrerinnen und Lehrer hervor, auf Klassenebene und auf gesamtschulischer Ebene mehr Teamarbeit zu praktizieren.

Teamarbeit wirkt sich langfristig entlastend aus. Die Stressforschung hat eindeutig nachweisen können, dass dort, wo Teamentwicklung stattgefunden hat, weniger Belastungen und Konflikte auftreten.

Es gibt verschiedenste Varianten der schulischen Teamarbeit, die in neuerer Zeit entwickelt und erfolgreich erprobt worden sind:

- Klassenteams: regelmäßige pädagogische Konferenzen, in denen man sich austauscht, abspricht und abstimmt, Schülerprobleme gemeinsam analysiert und Lösungen konstruiert sowie fächerverbindende Vorhaben plant und auswertet
- Klassenstufenteams: Lehrerinnen und Lehrer einer Jahrgangsstufe kooperieren auf der Grundlage eines pädagogischen Konzepts intensiv miteinander
- schulinterne Fallbesprechungsgruppe: trifft sich regelmäßig, um unter externer oder interner Supervision Konfliktfälle gemeinsam zu analysieren und zu lösen
- Schulleitungsteam: gemeinsames Leiten und Reflektieren der führungsverantwortlichen Personen
- Projektteams: Arbeitsgruppen, die gemeinsam Entwicklungsvorhaben planen, durchführen und auswerten
- *Steuergruppe:* ein repräsentativ zusammengesetztes Team, das einen Schulentwicklungsprozess koordiniert und reflektiert
- Inter-Gruppen-Teams: Mitglieder der einzelnen Schulgruppen (Lehrer, Eltern, Schüler) arbeiten zu einem bestimmten Zweck zusammen (z. B. Prävention von Gewalt, Vorbereitung eines Schuljubiläums).

Am notwendigsten ist die Teambildung auf der Klassenebene. Ihre Verwirklichung lässt sich am besten fördern, wenn am Schuljahresbeginn in jeder Klasse eine pädagogische Konferenz durchführt, auf der die Ziele der Schuljahresarbeit bestimmt und deren Umsetzung kooperativ geplant werden. Dies kann in einem zielorientierten Dialog geschehen, den die Klassenleitung moderiert und an dessen Ende klar ist, wo man an einem Strang ziehen muss. Darüber hinaus ist auch ein systematischeres Vorgehen möglich, das folgendermaßen ablaufen könnte: Die in einer Klasse unterrichtenden Lehrerinnen und Lehrer, auch Klassenteam genannt, treffen sich am Schuljahresbeginn, um ihre persönlichen pädagogischen Konzepte auszutauschen. Zu Beginn notiert jede Teilnehmerin, jeder Teilnehmer stichwortartig Antworten auf folgende Fragen:

- Wie hoch sind meine Leistungserwartungen im Allgemeinen?
- Welchen Umfang haben die von mir gestellten Hausaufgaben?
- Wie häufig kontrolliere ich die Hausaufgaben?
- Was erwarte ich von der äußeren Form der Hausaufgaben?
- Wie reagiere ich, wenn Schüler Hausaufgaben versäumen?
- Welche Erwartungen habe ich an das Disziplinverhalten der
- Schüler?
- Wie reagiere ich auf Disziplinstörungen?
- Was halte ich von der Delegation von Verantwortung?
- Was erwarte ich von den Eltern?
- Wie intensiv soll der Kontakt zum Elternhaus gepflegt werden?

Anschließend werden die persönlichen pädagogischen Vorstellungen im Gespräch ausgetauscht. Darauf aufbauend schreiben alle auf Moderationskarten stichwortartig und konkret (z. B. versäumte Hausaufgaben nachholen) auf, wo gemeinsam im Sinne eines Grundkonsenses gehandelt werden muss. Die Karten werden nun gruppiert und mit Überschriften versehen. Nach dieser Erhebung wird bilanziert, wo es Konsens und wo Dissens gibt. Die weitere Gruppenarbeit muss sich nun darauf konzentrieren, die verschiedenen Standpunkte zunächst noch einmal zu beleuchten und dann im konstruktiven Gespräch eine Einigung hinsichtlich grundsätzlicher pädagogischer Grundsätze zu erreichen. Diese Prozedur kann auch in Form einer *Mehrpunktabfrage* durchgeführt werden. Jede teilnehmende Person bekommt hierfür Klebepunkte. Die Zahl der Klebepunkte wird nach folgender Formel errechnet: Anzahl der Alternativen dividiert durch zwei. Aufgrund der Punktvergabe wird dann ersichtlich, wo konsensuell gehandelt werden muss.

Während des Schuljahres muss in weiteren Konferenzen immer mal wieder das gemeinsame pädagogische Handeln kritisch reflektiert werden. Hierzu dienen folgende Leitfragen:

- Wo ist es uns gelungen, an einem Strang zu ziehen?
- Wo gibt es Schwierigkeiten?
- Wie können diese Schwierigkeiten behoben werden?

Wenn eine Schule zu einer Teamkultur gelangen möchte, muss sie innehalten und unter Moderation einer externen Begleitung ihre Gruppenkultur ehrlich analysieren und darauf aufbauend überlegen, wie die Kommunikation und Kooperation verbessert werden können. Ist eine Team-Bildung in Gang gekommen, sollte darauf geachtet werden, dass eine gute Teamkultur entsteht. Folgende Merkmale zeichnen ein gutes Team aus:

- Zielklarheit
- klare Aufgabenverteilung
- Integration der individuellen Fähigkeiten
- Engagement
- gutes Grundklima
- Offenheit und Vertrauen
- fairer Umgang
- aktives Zuhören
- gegenseitige Hilfe und Unterstützung
- effektiver Arbeitsstil
- positive Problemwahrnehmung.

Literatur

Niermeyer, R.: Teamarbeit. Führen und Erfolge sichern. Freiburg: Haufe 2001.

Hergovich, D./Mitschka, R./Pawek, R.: Teamarbeit. Linz: Veritas 2001.

Internetadressen

http://www.schulleitung.de

http://www.teamarbeit.org

http://www.teachsam.de

Teamentwicklung

Kontinuierlicher Verbesserungsprozess, während dessen die Mitglieder einer Gruppe zu einer produktiven Kommunikation und Kooperation gelangen. Nach Tuckman (1965) vollzieht sich dieser Prozess in folgenden Stufen:

1. Forming: Die Teammitglieder arrangieren sich.
2. Storming: Es kommt zu Konflikten.
3. Norming: Es werden miteinander Regeln und Strukturen entwickelt.
4. Performing: Das Team arbeitet gut zusammen.

Zwischen diesen Phasen gibt es fließende Übergänge. Und es ist möglich, dass das Team auf eine vorherige Entwicklungsstufe zurückfällt.

Aufgabe des Teamleaders ist es, die Gruppe auf dem Weg zum guten Team zu unterstützen. Erstens reflektiert er mit dem Team immer wieder das Miteinander (Was läuft gut? Wo müssen wir uns verbessern?). Zweitens hilft er, aktuelle Beziehungskonflikte zu klären und zu lösen. Und drittens fördert er das Teamverhalten durch die Vereinbarung von Zielen und Regeln.

Wenn eine Schule zu einer guten Teamkultur gelangen möchte, muss Teamentwicklung sowohl auf der Lehrer-Lehrer-Ebene (kollegiale Kooperation) als auch in der Schulklasse stattfinden.

Literatur

Francis, D./Young, D.: Mehr Erfolg im Team. Hamburg: Windmühle 2001 (5. Aufl.).

Philipp, E.: Teamentwicklung in der Schule. Konzepte und Methoden. Weinheim und Basel: Beltz 1997 (2. Aufl.).

Tuckmann, B. W.: Developmental sequences in small groups. Psychological Bulletin, 63, 1965, 348–399.

Internetadressen

http://www.teamchallenge.de
http://www.teamentwicklung.de

Test

Tests sind wissenschaftlich fundierte Prüfverfahren, mit denen sich die Ausprägung von Persönlichkeitsmerkmalen quantitativ bestimmen lässt. Mit Hilfe von Tests kann man das Abschneiden einer Person mit dem einer Bezugsgruppe vergleichen. Solche Testverfahren werden als normorientierte Tests bezeichnet. Es gibt auch Testverfahren, mit deren Hilfe sich die Leistung einer Person mit einem vorher festgelegten Kriterium vergleichen lässt. Zu diesen Testverfahren zählen beispielsweise die lernzielorientierten Tests.

Geht man bei der Klassifikation von Tests von Inhalten aus, so kann man Leistungstests (z. B. Intelligenztests) und Persönlichkeitstests unterscheiden. Eine weitere Möglichkeit, Testverfahren einzuteilen, bietet sich an, wenn man die Frage stellt, mit wie vielen Personen sie durchgeführt werden können. Testverfahren, die man einer ganzen Schulklasse gleichzeitig präsentieren kann, was sehr ökonomisch ist, heißen Gruppentests. Solche Prüfverfahren, die man nur mit einer Person durchführen kann, sind Individualtests. Schließlich sind Tests auch danach einteilbar, wie viel Zeit einem Probanden bei der Testbearbeitung gewährt wird. Ist diese begrenzt, so handelt es sich um einen Geschwindigkeitstest (Speedtest). Darf der Proband den Test ohne Zeitdruck bearbeiten, so wird das Verfahren als Niveautest (Powertest) bezeichnet. Die meisten Schultests liegen in der Mitte zwischen reinen Geschwindigkeits- und Niveautests.

Die überwiegende Mehrheit der Testverfahren ist nach dem Modell der klassischen Testtheorie konstruiert. Sie besagt, dass es zu jedem Testergebnis einen wahren Testwert gibt, sich bei Testungen ergebende Messfehler nach dem Zufall verteilen und der Testwert sich aus dem beobachteten Wert und dem wahren Wert zusammensetzt. Aus der klassischen Testtheorie, die trotz Kritik und alternativer Modelle weiterhin dominiert, werden Gütekriterien abgeleitet:

Objektivität

Verschiedene Beurteiler gelangen bei demselben Probanden zu dem gleichen Testergebnis. Es wird unterschieden zwischen der Durchführungs-, Auswertungs- und Interpretationsobjektivität.

Reliabilität

Es handelt sich um den Grad der Genauigkeit, mit dem eine bestimmte Leistung oder ein Persönlichkeitsmerkmal gemessen wird. Diese Zuverlässigkeit wird bestimmt mit der Parallel-Testmethode, der Testwiederholungsmethode, der Halbierungsmethode oder der Konsistenzanalyse (die Aufgaben des Tests werden mit dem Gesamtergebnis verglichen).

Validität

Bei ihr geht es um die Frage, ob der Test tatsächlich auch das misst, was er messen soll. Sie kann ermittelt werden nach der Methode der inhaltlichen Gültigkeit (Entscheidung durch Experten), der Konstruktgültigkeit (Übereinstimmung mit einer Theorie) oder der kriterienbezogenen Gültigkeit (Zusammenhang mit Außenkriterien).

Ökonomie

Ein Test ist ökonomisch, wenn nur eine kurze Durchführungszeit erforderlich ist, wenig Material verbraucht wird, er als Gruppentest einsetzbar ist, die Handhabung einfach ist und die Auswertung rasch vorgenommen werden kann.

Vergleichbarkeit

Ein Test ist vergleichbar, wenn ein oder mehrere Paralleltestformen und validitätsähnliche Tests vorhanden sind. Mit diesen kann man einen bestimmten Probanden untersuchen und die ermittelten Ergebnisse miteinander vergleichen.

Nützlichkeit

Ein Test ist nützlich, wenn mit ihm ein Merkmal gemessen werden kann, für dessen Untersuchung es ein praktisches Bedürfnis gibt.

Normierung

Es wird die Verteilung der Testergebnisse in einer großen repräsentativen Stichprobe bestimmt. Sie ist der Maßstab, an dem die Probanden nun gemessen werden.

Die Testkonstruktion beginnt nach dem konzeptionellen Entwurf mit der Aufgabenkonstruktion. Die einzelnen Aufgaben werden in einer Testvorform zusammengefasst, die einer größeren Stichprobe dargeboten wird. Danach findet die Aufgabenanalyse statt. Sie dient vor allem der Ermittlung der Schwierigkeit und der Trennschärfe sowie der ersten Schätzung der Reliabilität und Validität. Unter Schwierigkeit versteht man den Prozentsatz derjenigen, die eine Aufgabe richtig gelöst haben. Die Trennschärfe gibt Auskunft über das Ausmaß, in dem eine Testaufgabe Personen, die einen hohen Gesamttestwert haben, von denen mit niedrigem Gesamttestwert unterscheidet.

Entsprechend den Analyseergebnissen werden nun die tauglichen Aufgaben selegiert. Diese Testendform wird zum Zwecke der Reliabilitäts- und Validitätskontrolle nochmals einer Stichprobe vorgelegt. Auf der Basis der Reliabilität wird auch der Standardmessfehler errechnet, der angibt, in welchem Bereich der wahre Messwert liegt. Wenn diese Kontrolle zufriedenstellend ausfällt, kann der Test geeicht beziehungsweise normiert werden.

Normorientierte, professionell konstruierte Schulleistungstests können in der Schulevaluation eingesetzt werden, wenn die Frage gestellt wird, wie gut die Schulleistungen entwickelt sind. Beispielsweise möchte man wissen, wie gut die Schülerinnen und Schüler einer vierten Jahrgangsstufe rechtschreiben oder rechnen können. Voraussetzung für eine solche Leistungstestung ist allerdings, dass sich das „Curriculum im Test abbildet" (Peek 1991, S. 328). An diesem Kriterium scheitert leider nicht selten der Einsatz normorientierter Testverfahren.

Literatur

Heller, K. A. (Hrsg.): Begabungsdiagnostik in der Schul- und Erziehungsberatung. Bern: Huber 2000 (2. Aufl.).

Ingenkamp, K.: Lehrbuch der Pädagogischen Diagnostik. Weinheim und Basel: Beltz 1997 (4. Aufl.).

Jackson, C.: Testen und gestestet werden. Was man über moderne Psychodiagnostik wissen sollte. Bern: Huber 1999.

Lienert, G. A/Raatz, U.: Testaufbau und Testanalyse. Weinheim und Basel: Beltz 1998 (6. Aufl.).

Peek, R.: Die Bedeutung vergleichender Schulleistungsmessungen für die Qualitätskontrolle und Qualitätsentwicklung von Schulen und Schulsystemen. In: Weinert, F. E. (Hrsg.): Leistungsmessung in Schulen. Weinheim und Basel: Beltz 2002 (2. Aufl.).

Internetadressen

http://www.testzentrale.ch
http://www.testzentrale.de

Themenspeicher → Moderationsmethoden

TIMSS

Third International Mathematics and Science Study. Diese internationale Schulleistungsstudie (http://www.mpib-berlin.mpg.de/TIMSS-Germany) wurde Mitte der neunziger Jahre durchgeführt, um die Mathematik- und Naturwissenschaftsleistungen von Schülerinnen und Schülern aus 45 Ländern miteinander zu vergleichen. In beiden Leistungsbereichen schnitt Deutschland nur mittelmäßig ab, was Bestrebungen zur Reform des mathematisch-naturwissenschaftlichen Unterrichts auslöste.

Top-down

Veränderungsprozesse, die von der Organisationsspitze initiiert werden. Sie bergen die Gefahr des Scheiterns, wenn es nicht gelingt, die betroffenen Mitarbeiterinnen und Mitarbeiter einzubinden. Für die schulische Qualitätsentwicklung folgt daraus, dass die Lehrpersonen möglichst frühzeitig und transparent informiert und an der Planung und Steuerung des Prozesses beteiligt werden.

TQM

Total Quality Management bedeutet, dass eine Organisation die Qualität ihrer Dienstleistungen und Produkte als zentrales Ziel ihres Handelns betrachtet. Das *Qualitätsmanagement* ist umfassend und ein fortwährender Prozess, an dem alle Ebenen beteiligt sind. Der Erfolg der Qualitätsorientierung wird dran gemessen, wie zufrieden der Kunde ist.

Pionier des TQM-Konzepts ist William Edwards Deming. Seine Erkenntnisse, die er in den 1940er-Jahren entwickelte, blieben in den USA zunächst ohne besondere Beachtung. Im Gegensatz dazu ließ sich das japanische Top-Management schon Anfang der 1950er-Jahre von seinen Ideen überzeugen. Erst in den 1980er-Jahren setzte sich seine Managementphilosophie in den USA durch. Von dort aus gelangte sie nach Europa, wo 1988 die European Foundation for Quality Management (EFQM) gegründet wurde.

Im Zuge der Verwaltungsmodernisierung hat TQM auch in staatlichen Institutionen Fuß gefasst. Immer mehr Verwaltungen verwenden das EFQM-Modell als Instrument zur Weiterentwicklung ihrer Dienstleistungsqualität. Und seit einiger Zeit wird es auch im Schulbereich erprobt, und zwar in Form von für Bildungseinrichtungen angepassten Modellversionen. Ein Beispiel hierfür ist der Leitfaden „Unsere Schule auf dem Weg in die Zukunft" (Kotter 2004).

Obwohl es bezüglich der Anwendung von TQM-Konzepten im Schulbereich immer noch viel Skepsis gibt, sind die bisherigen Erprobungsergebnisse ermutigend. Ihnen ist zu entnehmen, dass Qualitätsmanagement-Systeme wie EFQM in modifizierter Form ein wirksames Instrument der schulischen Qualitätsentwicklung sein können.

Literatur

Haindl, M.: „Total Quality Management" in Schulen. Ein Modell für die Evaluation der Schulqualität? Innsbruck: StudienVerlag 2003.

Hummel, T./Malorny, C.: Total Quality Management. München: Hanser 2002.

Kotter, K. H. (Hrsg.): Unsere Schule auf dem Weg in die Zukunft. Schulentwicklung nach dem EFQM-Modell. Wolnzach: Kastner 2004 (2. Aufl.).

Internetadressen

http://www.quality.de
http://www.schoenherr.de/download/download.php
http://de.wikipedia.org/wiki/TQM

Triangulation

Viele empirische Studien bergen die Gefahr einer Ergebnisverzerrung beziehungsweise eines Fehlurteils. Häufig liegt die Ursache in methodenspezifischen, beobachterspezifischen, theoriespezifischen und zielgruppenspezifischen Effekten. Dem kann vorgebeugt werden durch Triangulation.

Triangulation heißt, dass ein Phänomen aus unterschiedlichen Richtungen beleuchtet wird. Diese parallele Annäherung an das zu untersuchende Phänomen ist möglich durch

• einen Methodenmix (Methoden-Triangulation)
• den Einsatz mehrerer Feldbeobachter (Beobachter-Triangulation)
• unterschiedliche theoretische Ansätze (Theorie-Triangulation)
• verschiedene Zielgruppen (Stichproben-Triangulation).

Durch den Vergleich und die wechselseitige Überprüfung der gewonnenen Daten gelangt man zu valideren Gesamtbild vom untersuchten Phänomen. Wer diesen Weg der Erkenntnisgewinnung wählt, benötigt allerdings mehr Ressourcen. Dies muss bei der Evaluationsplanung berücksichtigt werden.

Am häufigsten wird Gebrauch gemacht von der Methoden-Triangulation. In Evaluationsprojekten kombiniert man gerne eine standardisierte Fragebogenerhebung mit einer Interviewstudie (Leitfadeninterview oder Gruppeninterview). Möglich sind dabei folgende Ergebniskonstellationen (Flick 2004, S. 78 f.):

• Die Kernaausagen beider Erhebungen stimmen gut überein.
• Die Ergebnisse der einen Erhebung werden durch die Ergebnisse der andren ergänzt bzw. vertieft.
• Die Ergebnisse divergieren in stärkerem Maße.

Ereignet sich die letztere Möglichkeit, muss der Divergenz auf den Grund gegangen werden. Möglicherweise ist sie auf methodische Mängel zurückzuführen. In diesem Falle ist eine weitere empirische Erhebung vonnöten.

Literatur

Flick, U.: Triangulation. Eine Einführung. Wiesbaden: Verlag für Sozialwissenschaften 2004.
Lamnek, S.: Qualitative Sozialforschung. Weinheim und Basel: Beltz 2004 (4. Aufl.).

Internetadressen

http://www.maxqda.de/maxqda/downloads/VTKelle.pdf
http://www.vhw-online.de/forum/content/200506_860.pdf

Unterrichtsentwicklung

Der Unterricht ist dazu da, Schülerinnen und Schülern fachliche und überfachliche Kompetenzen zu vermitteln. Es gibt inzwischen eine Vielzahl von Kriterien und Indikatoren, mit denen sich die *Unterrichtsqualität* bewerten lässt. Die Bewertung kann sowohl in Form einer *Selbstevaluation* als auch in Form einer *Fremdevaluation* vorgenommen werden.

Die Unterrichtsevaluation liefert Daten, aus denen ein mehr oder weniger großer Entwicklungsbedarf ersichtlich werden kann. Hieraus sollten Entwicklungsschritte resultieren, die Defizite beheben und die Unterrichtsqualität verbessern.

Unterrichtsentwicklung ist nach Horster/Rolff (2001) der Königsweg der Schulentwicklung. Sie setzt erstens voraus, dass aufbauend auf einer Unterrichtsevaluation ein fundiertes Änderungskonzept erarbeitet wird. Zweitens bedarf sie der Klärung, ob der Entwicklungsprozess plenar oder insular angelegt sein soll. Plenare Unterrichtsentwicklung heißt, dass alle Lehrpersonen in allen Fächern etwas verändern. Insulare Unterrichtsentwicklung bedeutet, dass nur in einem Teilbereich (z. B. in einer Fachschaft) Entwicklungsarbeit geleistet wird. Letzteres schließt nicht aus, dass zu einem späteren Zeitpunkt ein Transfer auf größere Bereiche stattfindet. Drittens muss im Rahmen der Personalentwicklung und Lehrerfortbildung dafür gesorgt werden, dass sich die Lehrpersonen das für die Innovation notwendige Know-how aneignen können. Viertens benötigt Unterrichtsentwicklung einen Projektfahrplan, aus dem klar ersichtlich ist, wer was innerhalb welcher Zeitfenster erledigen muss. Und fünftens ist eine *Steuergruppe* zu bilden, die das Vorhaben managt.

Je nachdem, wie die Bestandsaufnahme des Unterrichts einer Schule ausfällt, konzentriert sich die schulinterne Unterrichtsentwicklung auf ganz spezifische Entwicklungsziele. Beim Blick auf Schulen, die sich auf den Weg der Unterrichtsentwicklung begeben haben, fallen folgende Zielfelder auf:

- Weiterentwicklung der Unterrichtskultur in Richtung schüleraktiver Unterricht
- systematisches Training allgemeiner und fachbezogener Lerntechniken (Lernen lernen)
- Förderung sozialer Kompetenzen (soziales Lernen)
- Vermittlung grundlegender Wertorientierungen (Werterziehung)
- wirksame Vorbeugung und Bewältigung von Unterrichtsstörungen
- anwendungsorientierte Gestaltung von Unterrichtseinheiten
- Förderung der Medienkompetenz

Unterrichtsentwicklung zeitigt meist keine raschen Veränderungen. Sie ist ein längerfristiger Änderungsprozess, der erst allmählich in Form verbesserter Kompetenzen sichtbar wird. Aus Prozessanalysen geht immer wieder hervor, dass der Änderungserfolg einer stabilen Änderungsmotivation und einer kontinuierlichen Änderungsarbeit bedarf. Ebenso klar ersichtlich ist, dass die Entwicklungsarbeit kooperativ, in Klassen- und Fachteams, erfolgen muss.

Literatur

Horster, L./Rolff, H.G.: Unterrichtsentwicklung. Grundlagen, Praxis, Steuerungsprozesse. Weinheim und Basel: Beltz 2001.

Klippert, H.: Pädagogische Schulentwicklung. Weinheim und Basel: Beltz 2000 (2. Aufl.).

Internetadressen

http://www.guterunterricht.de

http://www.schule-und-co.de

Unterrichtshospitation, kollegiale

Gegenseitiger Unterrichtsbesuch zum Zweck der Selbstreflexion und der professionellen Weiterentwicklung. Erste Voraussetzung dieser nach wie vor angstbesetzten Unterrichtsevaluation ist, dass die Lehrpersonen zueinander das notwendige Maß an Vertrauen haben. Zweitens muss klar sein, dass sie sich nicht besuchen, um sich zu beurteilen, sondern um sich zu beobachten. Und drittens werden die Beobachtungen nach den Regeln eines konstruktiven und fairen Feedbacks zurückgemeldet.

Wenn die Grundvoraussetzungen der kollegialen Unterrichtshospitation gegeben sind, wird die Hospitation vorbesprochen. Die zu besuchende Lehrperson teilt der beobachtenden Lehrperson mit, auf welche Aspekte ihres Unterrichts sich die *Beobachtung* beziehen soll.

Während der Hospitationsstunde notiert die beobachtende Lehrperson das, was sie wahrnimmt. Interpretationen vermeidet sie bewusst. Zur Beobachtung kann sie ein standardisiertes oder halbstandardisiertes Beobachtungsinstrument verwenden.

Der Hospitation folgt ein Feedbackgespräch. Entweder direkt auf dem „Urprotokoll" basierend oder etwas später, was der beobachtenden Lehrperson eine Überarbeitung der Notizen ermöglicht.

Das Feedbackgespräch führt die beobachtende Lehrperson mit viel Fingerspitzengefühl. Sie meldet zurück, was sie in den vereinbarten Unterrichtsbereichen beobachtet hat, ohne die beobachtete Lehrperson zu be- oder zu verurteilen. Die beobachtete Lehrperson hört dem Feedbackgeber zu, ohne sich zu rechtfertigen. Falls erforderlich, stellt sie Verständnisfragen.

Sie entscheidet selbst, was des Weiteren besprochen wird. Welche Konsequenzen für die Weiterentwicklung der Unterrichtskompetenz zu ziehen sind, bleibt der Initiative der beobachteten Lehrperson überlassen.

Abschließend reflektieren beide Qualitätspartner den Prozess der Unterrichtshospitation. Sie überlegen, was gut gelungen ist und was noch verbessert werden kann.

Literatur

Landwehr, N.: Grundlagen zum Aufbau einer Feedback-Kultur. Konzepte, Verfahren und Instrumente zur Einführung von lernwirksamen Feedbackprozessen. Bern: hep verlag 2003.

Riesen, M.: Kollegiale Unterrichtshospitation. Biel-Bienne 1999.

Schratz, M./Iby, M./Radnitzky, E.: Qualitätsentwicklung. Verfahren, Methoden, Instrumente. Weinheim und Basel: Beltz 2000.

Internetadressen

http://www.agrarpaedak.at/absolventenverband/Hospitationsprotokolle_av.pdf

http://www.qus-net.de/

http://www.schulen-luzern.ch/netzwerk/pages/Dokumente/Doku_download/Personalmangement/Dossier%20Hospitation%201%20inklusiv.doc

Unterrichtsqualität

Der Unterricht ist der zentrale Kernprozess der pädagogischen Arbeit. Ziel des Unterrichts ist es zum einen, Schülerinnen und Schülern Wissen und Werte zu vermitteln. Zum anderen soll er sie zur Selbstständigkeit befähigen.

Es gibt zwei Betrachtungsweisen der Unterrichtsqualität. Die erste ist ein normativer Zugang, der auf Erwartungen beruht, die von Experten ohne empirische Grundlage formuliert worden sind. Beispielsweise kann eine Norm lauten, dass die Lehrperson sich an einem Stufenmodell orientieren muss. Oder man orientiert sich am Leitsatz, dass die Unterrichtsmethode immer wieder gewechselt werden muss. Auch die Forderung, so viel Schülerzentrierung wie möglich zu verwirklichen, ist ein weiteres Beispiel.

Die zweite Betrachtungsweise orientiert sich an der empirischen Unterrichtsforschung. Diese erfasst den Unterricht durch systematische Erkenntnisgewinnung mit dem Ziel, die Frage zu beantworten, welche Unterrichtsmerkmale Schülerinnen und Schülern zum Lernerfolg verhelfen. Aufbauend auf den empirischen Ergebnissen und unterrichtspraktischen Erfahrungen sind in vielen Ländern Qualitätsindikatoren gebildet worden, die bei der unterrichtlichen Qualitätsanalyse verwendet werden.

Die empirische Unterrichtsforschung hat Merkmale zu Tage gefördert, die in optimaler Ausprägung Unterrichtserfolg wahrscheinlich machen. Ob sie in der Unterrichtspraxis tatsächlich auch den Lernerfolg der einzelnen Schülerinnen und Schüler zustande bringen, hängt letztlich von der Kompetenz der Lehrpersonen ab.

Brophy (2000) hat den empirischen Erkenntnisstand zur Unterrichtsqualität zusammengefasst. Er hat aus der Fülle von Unterrichtsstudien 12 Merkmale extrahiert, die den guten Unterricht charakterisieren:

- unterstützendes Klima im Klassenzimmer
- Lerngelegenheiten (Nutzung der zur Verfügung stehenden Lernzeit)

- Orientierung am Lehrplan
- Aufbau einer Lern- und Aufgabenorientierung (Vorstrukturierung des Lernprozesses)
- innerer Zusammenhang der Inhalte (Verbindung der Lerninhalte)
- gut durchdachter Unterrichtsplan (Ausrichtung auf ein Gesamtkonzept)
- Übung und Anwendung (Üben, was man gelernt hat)
- Unterstützung der Lerntätigkeit (klare Arbeitstaufträge)
- Lehren von Lernstrategien (Zeigen, wie man lernt)
- kooperatives Lernen (Partnerarbeit und Gruppenarbeit)
- kriteriumsorientierte Beurteilung (Nutzung formeller und informeller Beurteilungsverfahren)
- Leistungserwartungen (Formulierung von angemessenen Erwartungen)

Literatur

Brophy, J. E.: Teaching. In: International Bureau of Education IBE (Ed.): Educational Practices Series. www.ibe.unesco.org Brussels 2000.
Helmke, A.: Unterrichtsqualität. Erfassen, Bewerten, Verbessern. Seelze: Kallmeyer 2003.

Internetadressen

http://marvin.sn.schule.de/~profil-q/materialien_frei/Methodix.pdfsearch='Unterrichtsqualit%C3%A4t'
http://www.staff.uni-oldenburg.de/hilbert.meyer/9289.html
http://www.unterrichtsqualitaet.de

Validität → Test

Varianz

Statistische Maßzahl für die Streuung von Messwerten. Die Varianz berechnet man, indem man die *Standardabweichung* quadriert.

VERA

Das Projekt Vergleichsarbeiten VERA wird in Rheinland-Pfalz seit 2003 in den vierten Grundschulklassen durchgeführt. Weitere sechs Bundesländer haben sich dem VERA-Projekt angeschlossen, und zwar Berlin, Brandenburg, Bremen, Mecklenburg-Vorpommern, Nordrhein-Westfalen und Schleswig-Holstein. Die Projektdauer beläuft sich auf fünf Jahre. Zentrale Projektziele sind:

- Weiterentwicklung des Unterrichts (z. B. Unterrichtsgestaltung)
- Training der Diagnosefähigkeit von Lehrerinnen und Lehrer

- Standortbestimmung durch den Vergleich der Klassenergebnisse mit Normwerten
- Gewinnung ergänzender Informationen für die Übertrittsberatung der Eltern
- Erleichterung der Umsetzung moderner Kerncurricula, Lehr- und Rahmenpläne
- effiziente Nutzung des Internets für die schulische Qualitätssicherung

Die Leistungsmessung erstreckt sich auf die Fächer Mathematik und Deutsch. Die von Fachlehrkräften, Curriculumexperten der Landesinstitute und Fachdidaktikern zusammengestellten Aufgabenpools werden jährlich an einer Normierungsstichprobe geeicht, bevor sie in den Vergleichsarbeiten zum Einsatz gelangen.

Literatur

Helmke, A.: Unterrichtsqualität – erfassen, bewerten, verbessern. Seelze: Kallmeyer 2004 (3. Aufl.).

Schrader, F.-W./Helmke, A. (2005). Überprüfte Vermutungen. Training der Diagnosefähigkeit von Lehrkräften durch die Nutzung von Vergleichsarbeiten. In Becker, A. u. a. (Hrsg.): Standards. Unterrichten zwischen Kompetenzen, zentralen Prüfungen und Vergleichsarbeiten. Friedrich Jahresheft 23, 2005, S. 120–121.

Internetadresse

http://www.uni-landau.de/vera/

Vergleichsarbeiten

Wie gut die Schulqualität letztlich ist, muss an den Lernergebnissen der Schülerinnen und Schüler erkennbar sein. Hierzu ist ein externer Referenzrahmen vonnöten. Das heißt, dass die Schülerinnen und Schüler mit standardisierten Prüfverfahren getestet werden, die eine bessere Messqualität aufweisen als Klassenarbeiten.

Inzwischen werden die als Diagnose- und Vergleichsarbeiten bezeichneten Messverfahren in allen deutschen Bundesländern als Evaluationsinstrumente eingesetzt.

Die Aufgabenentwicklung muss sich an teststatistischen Grundanforderungen orientieren. Das heißt, dass vor dem offiziellen Einsatz empirische Evaluationen durchgeführt werden. Dabei sind folgende Fragen zu beantworten:

- Welchen Schwierigkeitsgrad hat die einzelne Testaufgabe?
- Wie gut trennt sie zwischen leistungsstärkeren und leistungsschwächeren Schülern?
- Wie genau wird die Leistung gemessen?
- Wird auch das gemessen, was gemessen werden soll?

Nur wenn diese Fragen positiv beantwortet werden, darf eine Aufgabe in die Diagnose- und Vergleichsarbeiten platziert werden. Ihre Ergebnisse liefern Informationen über den relativen Leistungsstand der Schüler. Aus ihren Ergebnissen kann man ersehen, wie ein Schüler innerhalb der Klasse oder wie eine Klasse im Vergleich zu anderen Klassen oder wie eine Schule im Vergleich zu anderen Schulen leistungsmäßig steht. Immer mehr Bundesländer betrachten sie als wichtige Instrumente der Qualitätssicherung und Qualitätsentwicklung. Zum einen vermitteln sie Schülern, Lehrern und Eltern ein Leistungsfeedback, zum anderen lässt sich mit ihrer Hilfe evaluieren, inwieweit die *Bildungsstandards* im Unterricht tatsächlich auch umgesetzt worden sind.

Literatur

Becker, G./Bremerich-Vos, A./Demmer, M./ Maag Merki, K./Priebe, K./ Schwippert, K./ Stäudel, L./Tillmann, K.J. (Hrsg.), Standards. Unterrichten zwischen Kompetenzen, zentralen Prüfungen und Vergleichsarbeiten. Seelze: Friedrich Jahresheft XXIII 2005.
Helmke, A.: Unterrichtsqualität – erfassen, bewerten, verbessern. Seelze: Kallmeyer 2003.

Internetadressen

http://schule.bildung.hessen.de/vergleichsarbeiten/
http://www.bildung-lsa.de/index2.html?subj=920
http://www.bildung-mv.de/lisa/aufgaben/vergleichsarbeiten.htm
http://www.bildung.saarland.de/Pressefruehstueck_Schuljahr_2004_05.pdf
http://www.lisum.brandenburg.de/sixcms/detail.php/
5lbm1.c.186864.de?_umenu3=y&_301=Y
http://www.kompetenztest.de/
http://www.learn-line.nrw.de/angebote/qualitaetsentwicklung/information/massnahmen.htm
http://www.hamburger-bildungsserver.de/index.phtml?site=schule.lau
http://www.nibis.de/nibis.phtml?menid=1379
http://www.sachsen-macht-schule.de/orientierungsarbeiten/
http://www.schule.bremen.de/u-material/vergl.html
http://www.schule-bw.de/unterricht/dva
http://www.senbjs.berlin.de/bildung/qualitaetssicherung/vergleichsarbeiten/vergleichsarbeiten.asp
http://www.uni-landau.de/vera/
http://vera.lernnetz.de/content/index.php

Vision

Zukunftsbild einer Organisation. In ihm kommt zum Ausdruck, was man in der Zukunft erreichen möchte. Wenn eine Schule eine Vision formuliert, sollte sie diese im *Schulleitbild* verankern.

Widerstand

Wer Änderungsprozesse begleitet, wird unweigerlich wahrnehmen, dass sich Änderungsziele selten störungsfrei und ideal erreichen lassen. Es ist völlig normal, wenn in diesen Prozessen Widerstände auftreten. Oder anders ausgedrückt: Es gibt keine Veränderung ohne Widerstand. Zu dieser Erkenntnis ist auch vor mehr als hundert Jahren Sigmund Freud gelangt, als er die Psychoanalyse kreierte.

Widerstand ist ein vieldeutiger und problematischer Begriff. Man unterscheidet folgende Widerstandsbegriffe:

- physikalisch: hemmende Kraft (z. B. Luftwiderstand, Strömungswiderstand)
- rechtlich: Widerstand gegen die Staatsgewalt
- historisch-politisch: Widerstand gegen eine Diktatur oder eine Besatzungsmacht
- psychoanalytisch: Abwehr gegen die Deutungen und Hilfen des Analytikers
- psychologisch: Abwehr gegen die Einengung des persönlichen Handlungsspielraums
- soziologisch: Abwehr gegen Änderungsprozesse in Organisationen.

Für die schulische Qualitätsentwicklung ist der psychologische Widerstandsbegriff von besonderer Bedeutung. Widerstand im psychologischen Sinne wird auch als Reaktanz bezeichnet. Darunter versteht man die Reaktion des Menschen auf die Einschränkung seiner Handlungsfreiheit. Sinn und Zweck der Reaktanz ist es, den persönlichen Handlungsspielraum zu verteidigen oder wiederherzustellen. Sie äußert sich in verschiedenen Formen:

- offener Widerstand
- verdeckter Widerstand
- ablenkender Widerstand
- Passivität als Widerstand
- Bagatellisieren von Anlässen
- Ironisieren von Anlässen
- aus dem Feld gehen (Flüchten)

Das Spektrum der Widerstandsursachen ist breit. Sowohl die „Innovatoren" als auch die „Widerständler" tragen zum Widerstand bei. Als Ursachen kommen in Frage:

- Kommunikationsstil des Innovators: Pushend, aggressiv, direktiv.
- Angst vor dem Neuen: Der „Widerständler" hat Angst vor tief greifenden Veränderungen.
- Egoismus: Der bisherige Eigennutz gerät in Gefahr.
- Gewohnheitsdenken: Routine ist gut, Innovation ist schlecht.
- Faulheit: Was zusätzlichen Aufwand erfordert, wird abgelehnt.
- Negative Änderungserfahrungen: Man hat Änderungsprozesse erlebt, die fehlgeschlagen sind.
- Burnout: Der eigene Zustand ist so schlecht, dass keine Änderungsenergien vorhanden sind.
- Zeitmangel: Das Zeitbudget ist ausgebucht.
- Unklare Informationen: Ziele und Wege der Änderung werden nicht konkretisiert.

- Zu hohe Ziele: Es werden Ziele angesteuert, die „Höhenangst" hervorrufen: „Das schaffe ich nie!"

- Zu wenig Transparenz und Information: Es ist nicht klar, wohin die Reise gehen soll.

- Zu wenig Partizipation: Die Betroffenen werden nicht beteiligt.

- Zu wenig Wertschätzung: Alles Heil wird im Neuen gesehen. Es entsteht das Gefühl, dass die bisherige Arbeit nicht gut war.

- Zu verschiedene Wirklichkeitskonstruktion: Die Wirklichkeit wird unterschiedlich wahrgenommen.

- Hierarchie- Aversionen: „Was von dort oben kommt, kann nicht gut sein."

Wenn man mit Widerstand konstruktiv umgehen möchten, sollte man mit dem Widerstand gehen und nicht gegen ihn. Versucht man ihn zu brechen oder geht man bewusst nicht auf ihn ein, wird er unweigerlich verstärkt. Die Folge kann zum einen sein, dass die „Widerständler" sich vollkommen verweigern. Zum anderen ist es auch möglich, dass sie sich rein taktisch auf die Vereinbarung eines Änderungsziels einlassen, aber dieses missachten und die alte Freiheit heimlich wiederherstellen. Wenn man mit Widerstand anders umgehen möchte, können folgende Empfehlungen hilfreich sein:

- Den Widerstand offen ansprechen: „Mir fällt auf, dass Sie auf meine Empfehlung nicht eingehen."

- Die eigene Anteile am Widerstand der Anderen erkennen, indem man das Was und Wie der eigenen Kommunikation selbstkritisch überprüft.

- Das würdigen, was bisher geleistet wurde.

- Die Bedenkenträger als Personen achten und sie nicht kränken, indem man sie bloßstellt oder unfair attackiert.

- Bedenken ernst nehmen und nach den Beweggründen fragen.

- Botschaften so formulieren, dass die Empfänger einen Entscheidungsspielraum haben.

- Auf Wörter wie müssen, sollen oder nicht dürfen möglichst verzichten. Besser sind Wörter wie können, wollen oder möchten.

- Die „Widerständler" dazu ermutigen, ihre Ängste und Sorgen zu äußern.

- Zu hohe Änderungsziele vermeiden. Der Fortschritt ist eine zielorientierte Schnecke und kein aufgeregtes Känguru!

- Geduldig bleiben, sonst regt sich in den Anderen das trotzige Kindheits-Ich.

- Im Werdeprozess von Vorhaben und Entscheidungen transparent informieren und die Betroffenen beteiligen.

- Korrektur- und Kündigungsrechte gewähren. „Wenn Sie der Änderungsprozess überfordert, können wir zu jeder Zeit Ziele ändern oder gemeinsam über Alternativen nachdenken."

Bevor man den Widerstand zu bearbeiten beginnt, muss man ihn entschlüsseln. Was jemand an Bedenken und Gegenargumenten äußert, hat nicht selten eine Kernbotschaft, in der das eigentliche Anliegen zum Ausdruck kommt. Als Beispiel sei eine Lehrperson genannt, die den Nutzen eines Projekts (computerunterstütztes Lernen) vehement in Frage stellt. Im Verlauf des Dialogs darüber outet sie ihr Abwehr-Motiv und bekennt, dass sie Angst davor hat, das Programm nicht handhaben zu können. Dieses Bekenntnis erhöht die Chance einer Konfliktlösung enorm. Es kann nun gemeinsam überlegt werden, welche Unterstützung ihre Angst beseitigen kann.

Literaturhinweise

Becker, H./Langosch, I.: Produktivität und Menschlichkeit. Organisationsentwicklung und ihre Anwendung in der Praxis. Stuttgart: Lucius & Lucius 1995 (4. Aufl.).

Miller, R.: „Das ist ja wieder typisch!" Kommunikation und Dialog in Schule und Verwaltung. 25 Trainingsbausteine. Weinheim und Basel: Beltz 2000 (3. Aufl.).

Internetadressen

http://home.t-online.de/home/mackenthun/key03.htm
http://www.qis.at

Zentrale Tendenz

Merkmal einer Verteilung. Es gibt an, wo das Zentrum der Werte liegt. Die wichtigsten Kennwerte der zentralen Tendenz sind *Mittelwert*, *Modalwert* und *Median*.

Ziel

Zukünftig anzustrebender Zustand. Ziele werden beschrieben nach dem Zielinhalt (z. B. Energieersparnis), nach dem Zielausmaß (z. B. 10 %) und nach dem Zeitbezug (z. B. innerhalb eines Schuljahres). Erreichbar sind sie letztlich nur, wenn sie realistisch sind. Dies wird bei der Planung von Qualitätsentwicklungsprozessen viel zu wenig beachtet.

Zielvereinbarung

Instrument des *Kontraktmanagements*. Es dient der ergebnisorientierten Steuerung in der Personal- und Organisationsführung. Gemeinsam wird festgelegt, welche Leistungen zu erbringen bzw. welche Ziele zu erreichen sind. Die Zielvereinbarung enthält nur das angestrebte Ergebnis, beschreibt aber nicht den Weg dorthin. Darauf zu achten ist, dass das Ziel messbar ist und zum vereinbarten Zeitpunkt ein *Controlling* der Zielerreichung stattfindet.

Zukunftskonferenz

Ziel der Zukunftskonferenz ist es, die gegenwärtige Situation besser zu verstehen, gemeinsam Zukunftsziele zu finden und Veränderungsmaßnahmen zu entwerfen. Sie bietet sich für Organisation von 30 bis ca. 70 Mitgliedern an. Sie dauert in der Regel 18 Stunden, verteilt auf 3 Tage.

Die Konferenzarbeit basiert auf der sukzessiven Beantwortung folgender Leitfragen, die in selbst moderierten Gruppen bearbeitet werden:

Phase 1:	Rückblick auf die Vergangenheit: Woher kommen wir? Was liegt hinter uns?
Phase 2:	Wie sieht unser gegenwärtiges Umfeld aus? Welche Trends gibt es?
Phase 3:	Wie sieht unsere Gegenwart aus? Worauf sind wir stolz? Was bedauern wir?
Phase 4:	Wie sieht die ideale Zukunft aus?
Phase 5:	Welche Gemeinsamkeit gibt es in den Zukunftsentwürfen?
Phase 6:	Welche Maßnahmen sind jetzt schon möglich? Welche ersten Schritte müssen wir tun?

Eine Zukunftskonferenz gelingt nur, wenn ein echter Änderungsbedarf besteht und die Organisationsspitze die angestrebte Veränderung wirklich will und unterstützt.

Literatur

Burow, O. A.: Ich bin gut – wir sind besser. Erfolgsmodelle kreativer Gruppen. Stuttgart: Klett-Cotta 2000.

Keil, M./Königswieser, R. (Hrsg.): Das Feuer großer Gruppen. Konzepte, Designs, Praxisbeispiele für Großveranstaltungen. Stuttgart: Klett-Cotta 2000.

Internet-Adressen

http://www.mangerseminare.de
http://www.zukunftskonferenz.de

Zukunftswerkstatt

Kreative Gruppenarbeitsmethode, die vom Zukunftsforscher Robert Jungk entwickelt wurde. Sie wird dort eingesetzt, wo Probleme gelöst werden müssen, die bisher mit herkömmlichen Mitteln nicht gelöst werden konnten. Normalerweise dauert eine Zukunftswerkstatt 1–3 Tage. Es ist jedoch auch eine halbtägige Kurz-Werkstatt möglich.

Die Zukunftswerkstatt wird von einem Werkstattleiter moderiert und läuft in fünf Phasen ab:

1. Vorbereitungsphase
   - Erläuterung des Themas

- Darstellung der Arbeitsphasen
- Vermittlung der Werkstattregeln

2. Kritikphase
   - Sammlung der Kritikpunkte
   - Zusammenfassung der Kritikpunkte
   - Gewichtung der Kritikpunkte

3. Phantasiephase
   - Suche nach positiven Alternativen
   - noch keine Verwirklichungsdiskussion!
   - Auswahl der interessantesten Ideen

4. Planungsphase
   - kritische Prüfung der Ideen
   - Entwicklung von Umsetzungsschritten
   - Aufgabenverteilung: Wer macht wann was?

5. Praxisphase
   - Anfertigung des Werkstattprotokolls
   - Verbreitung der Ergebnisse
   - Umsetzung in die Wirklichkeit

Literatur

Albers, A./Albers, A.: Zukunftswerkstatt und Szenariotechnik. Ein Methodenhandbuch für Schule und Hochschule. Weinheim und Basel: Beltz 1999.

Burow, O.A./Neumann-Schönwetter, M.: Zukunftswerkstatt in Schule und Unterricht. Hamburg: Bergmann und Helbig 1997 (2. Aufl.).

Kuhnt, B./Müllert, N.R.: Moderationsfibel Zukunftswerkstätten. Münster: Ökotopia 2000 (3. Aufl.).

Internetadressen

http://www.beratungspool.ch
http://www.netzwerk-zukunft.de
http://www.sowi-online.de

Basisbibliothek Schulisches Qualitätsmanagement

Altrichter, H./Schley, W./Schratz, M. (Hrsg.): Handbuch zur Schulentwicklung. Innsbruck: Studien Verlag 1998.

Altrichter, H./Messner, E./Posch, P.: Schulen evaluieren sich selbst. Ein Leitfaden. Seelze: Kallmeyer 2004.

Bildungsdirektion des Kantons Zürich (Hrsg.): Verfahrensschritte der externen Schulevaluation. Zürich: Lehrmittelverlag des Kantons Zürich 2001.

Buchen, H./Rolff, H.G. (Hrsg.): Professionswissen Schulleitung. Weinheim und Basel: Beltz 2006.

Buhren, C.G./Killus, D./Müller, S.: Wege und Methoden der Selbstevaluation. Ein praktischer Leitfaden. Dortmund: Institut für Schulentwicklungsforschung 1998.

Burkard, C./Eikenbusch, G.: Praxishandbuch Evaluation in der Schule. Berlin: Cornelsen Scriptor 2000.

Dubs, R.: Qualitätsmanagement für Schulen. St. Gallen: Institut für Wirtschaftspädagogik 2003.

Institut für Schulentwicklungsforschung (Hrsg.): IFS-Schulbarometer. Ein mehrperspektivisches Instrument zur Erfassung von Schulwirklichkeit. Dortmund: IFS 2003 (8. Aufl.).

Joint Committee on Standards for Educational Evaluation/Sanders, J.R. (Hrsg.): Handbuch der Evaluationsstandards. Wiesbaden: Verlag für Sozialwissenschaften 2006 (3. Aufl.).

Keller, G.: Qualitätsentwicklung in der Schule. Ziele, Methoden, kleine Schritte. Heidelberg und Kröning: Asanger 2002.

Kempfert, G./Rolff, H.G.: Qualität und Evaluation. Ein Leitfaden für Pädagogisches Qualitätsmanagement. Weinheim und Basel: Beltz 2005 (4. Aufl.).

Kotter, K.H. (Hrsg.): Unsere Schule auf dem Weg in die Zukunft. Schulentwicklung nach dem EFQM-Modell. Wolnzach: Kastner 2004 (2.Aufl.).

Kotthoff, H.-G.: Bessere Schulen durch Evaluation? Internationale Erfahrungen. Münster: Waxmann 2003.

Landwehr, N.: Grundlagen zum Aufbau einer Feedback-Kultur. Konzepte, Verfahren und Instrumente zur Einführung von lernwirksamen Feedbackprozessen. Bern: hep verlag 2003.

Landwehr, N./Steiner, P./Keller, H.: Schritte zur datengestützten Schulevaluation. Eine Anleitung zur systematischen Datenerhebung mit Fragebogen. Bern: hep verlag 2003 (2. Aufl.).

Landwehr, N.: Basisinstrument zur Schulqualität. Systematische Darstellung wichtige Qualitätsansprüche an Schulen und Unterricht. Bern: hep verlag 2003 (2. Aufl.).

Landwehr, N./Steiner, P.: Grundlagen der externen Schulevaluation. Verfahrensschritte, Standards und Instrumente zur Evaluation des Qualitätsmanagements. Bern: hep verlag 2003 (2. Aufl.).

Miller, R.: 99 Schritte zum professionellen Lehrer. Erfahrungen-Impulse-Empfehlungen. Seelze: Kallmeyer 2005 (2. Aufl.).

Riecke-Baulecke, T.: SchulePlus. Management für wirksame Qualitätsentwicklung. München: Oldenbourg 2004.

Rolff, H.-G./Buhren, C.G./Lindau-Bank, D./Müller, S.: Manual Schulentwicklung. Handlungskonzept zur pädagogischen Schulentwicklungsberatung (SchuB). Weinheim und Basel: Beltz 2000 (3. Aufl.).

Schratz, M./Iby, M./Radnitzky, E.: Qualitätsentwicklung. Verfahren, Methoden, Instrumente. Weinheim und Basel: Beltz 2000.

Seitz, H./Capaul, R.: Schulführung und Schulentwicklung. Grundlagen und Empfehlungen für die Praxis. Bern: Haupt 2005.

Stern, C.: Vergleich als Chance. Schulentwicklung durch internationale Qualitätsvergleiche – Grundlagen. Gütersloh: Bertelsmann 2003.

Stern, C./Döbrich, P.: Wie gut ist unsere Schule? Gütersloh: Verlag Bertelsmann Stiftung 1999.

Steiner, P./Landwehr, N.: Das Q2E-Modell – Schritte zur Schulqualität. Aspekte eines ganzheitlichen Qualitätsmanagements an Schulen. Bern: hep verlag 2003.

Wottawa, H./Thierau, H.: Lehrbuch Evaluation. Bern: Huber 1998 (2. Aufl.).

Internetadressen

Amerikanische Gesellschaft für Evaluation

Dieses Webangebot enthält viel englischsprachiges Material und spezielle Themengruppen.
www.eval.org

Deutsche Gesellschaft für Evaluation

Es handelt sich um eine zentrale Anlaufstelle für Fragen und Diskussionen zur Evaluation in Deutschland. Sie informiert über aktuelle Entwicklungen und Trends und trägt durch die Definition von Evaluationsstandars zur Qualitätssicherung bei.
www.degeval.de

EFQM – European Foundation for Quality Management

Das deutsche EFQM-Center vermittelt hier Grundinformationen zum EFQM-Modell. Es informiert auch über Veranstaltungen sowie über das Aus- und Weiterbildungsprogramm.
http://www.deutsche-efqm.de

EiS – Evaluationsinstrumente für Schulen

EIS (Landesinstitut für Schulentwicklung) will die Selbstevaluation an Schulen erleichtern und stellt verschiedene Instrumente und Verfahren für diesen Zweck bereit. Praktische Hinweise und weiterführende Informationen ergänzen die Instrumentensammlung.
http://www.eis-bw.de

IFS – Institut für Schulentwicklungsforschung

Die Homepage des IFS der Universität Dortmund enthält nicht nur Grundinformationen und Tools zur Schulentwicklung, sondern auch zahlreiche Evaluationsinstrumente.
http://www.ifs.uni-dortmund.de

QIS – Qualität in Schulen

Auf dieser Webseite findet man neben allgemeinen Informationen über schulische Qualitätsentwicklung auch Verfahrensvorschläge, Präsentationsmaterialien sowie Methoden und Instrumente zur individuellen und gemeinsamen Selbstüberprüfung, Planungs- und Entwicklungsarbeit.
http://www.qis.at/start.htm

Grundlagen der Schulpädagogik

Band 49: Felix Winter

Leistungsbewertung

Eine neue Lernkultur braucht einen anderen Umgang mit den Schülerleistungen
2004. VIII, 345 Seiten. Kt. ISBN 3896767402. € 19,80

Die schulische Leistungsbewertung und die Lernkultur bedingen einander wechselseitig. Das, was geprüft und beurteilt wird, bestimmt in großem Maße das, was gelernt wird. Darüber hinaus bestimmt aber auch die Art, wie geprüft und beurteilt wird, die Lernkultur. Alle Versuche, eine neue Lernkultur an Schulen zu etablieren, stoßen daher an Grenzen, wenn nicht auch das System der Prüfung und Beurteilung der Schülerleistungen reformiert wird. Die Widersprüche zwischen neuen Formen des Lehrens und Lernens einerseits und der herkömmlichen Leistungsbeurteilung andererseits werden von Lehrern und Wissenschaftlern zunehmend als problematisch eingeschätzt, und die Suche nach neuen Verfahren hat begonnen.

In diesem Buch wird ausführlich dargelegt, welche neuen Formen der Leistungsbewertung es gibt und wie sie für den Aufbau einer neuen, selbständigkeitsfördernden Lernkultur nutzbar gemacht werden können. Entwicklungsrichtungen für eine gründliche Reform dieses Bereichs schulischer Arbeit werden aufgezeigt und begründet. Die Leistungsbewertung wird als eine Gestaltungsaufgabe für die Schulen und alle daran Beteiligten beschrieben. Die neuen Methoden haben eine veränderte Funktion im Lernprozess: Sie sind Bewertung und Lernhilfe zugleich. Viele von ihnen setzen auf den Dialog über die Leistungen, sie führen zu inhaltlichen Aussagen und zu einer entwickelten Feedback-Kultur. Leistungsbewertung wird dabei auch zu einem Mitteln des Lernens der Schüler. Die Entwicklung der Fähigkeiten zur Kontrolle, Bewertung und Steuerung des Lernens wird als konstitutiv für den Aufbau einer neuen Lernkultur betrachtet.

Schulen für die Zukunft

Neue Steuerung im Bildungswesen. Hrsg. von **Stefan Koch** und **Rudolf Fisch**.
Band 51. 2004. X, 213 Seiten. Kt. ISBN 3896768123. € 18, —

Nach PISA und anderen Schulleistungsvergleichen steht Deutschland vor der Aufgabe, die Qualität seiner Schulen für die Zukunft zu verbessern. Unter pädagogischen Aspekten werden Bildungsstandards, Schulprogramme, Unterrichtsentwicklung und vieles mehr diskutiert, zum Teil bereits realisiert. Weniger präsent ist, das eine bessere Qualität in unserem staatlichen Schulsystem nicht ohne tief greifende Modernisierung der Schulverwaltung zu erreichen ist. Diese administrativen Aspekte erfordern eine Neue Steuerung des Bildungswesens durch Staat und Verwaltung. Diese Neue Steuerung geht auf das Konzept des „New Public Management" zurück, das seit etwa 20 Jahren die öffentlichen Verwaltungen in der ganzen Welt modernisiert.

Viele gegenwärtige Neuerungen in der Schulpraxis sind von Ideen der Neuen Steuerung durchsetzt, allen voran die erweiterte Schulautonomie. Das vorliegende Buch verbindet einen fundierten Überblick über grundlegende Konzepte und Erkenntnisse in den Bereichen Bildungsforschung, Recht, Finanzierung und Management mit Berichten über beispielhafte Reformansätze. Das Buch soll für Studium und praktische Tätigkeit im Schulbereich die kompetente und kritische Auseinandersetzung mit den aktuellen Entwicklungen der Neuen Steuerung ermöglichen.

 Schneider Verlag Hohengehren
Wilhelmstr. 13; D-73666 Baltmannsweiler

Grundlagen der Schulpädagogik

Lexikon Schulpraxis
Theorie- und Handlungswissen für Ausbildung und Unterricht
Von **Dietrich Homberger**.
Grundlagen der Schulpädagogik Band 47
2. Aufl. 2005. VI, 471 Seiten. Kt. ISBN 3896769667. € 24,—

Das *Lexikon Schulpraxis* wendet sich an Lehrerinnen und Lehrer, die gezielt Fragen zu einem pädagogischen oder schulischen Sachthema klären oder ohne großen Aufwand eine knappe, präzise Information zu einem entsprechenden Stichwort erhalten wollen. Die zahlreichen Querverweise ermöglichen darüber hinaus die Erschließung größerer thematischer Zusammenhänge.

Insbesondere kann das *Lexikon Schulpraxis* von Lehrerinnen und Lehrern in der Ausbildung sowie von Berufsanfängern genutzt werden; es erschließt die Berufsfunktionen, gibt Hinweise zur Organisation und Verwaltung im Schulalltag, zu den Dienstpflichten und Vorschriften, es sichert die allgemeinen didaktischen und methodischen Grundlagen des Fachunterrichts, bietet rasche Orientierung sowie Hilfen bei der Vorbereitung und Reflexion des eigenen Unterrichts.

Das *Lexikon Schulpraxis* hat stets das praktische Informationsinteresse eines Kollegen oder einer Kollegin im Blick. Besonders geachtet wurde auf eine verständliche Sprachgestaltung, auf erläuternde Beispiele, übersichtliche Zusammenfassungen, praxisbezogene Hinweise und Tipps und wenige, aber relevante bzw. aktuelle Lesehinweise.

Band 53: Thomas Trautmann

Einführung in die Hochbegabtenpädagogik
2005. VII, 122 Seiten. Kt. ISBN 3896769855. € 14,—

Das Buch wendet sich jenen Kindern und Jugendlichen zu, die besondere Gaben ihr Eigen nennen. Vielfach sind sie unauffällig, mitunter jedoch bereiten sie den Menschen ihrer Umgebung Kopfzerbrechen. Sie benötigen Zuwendung wie alle. Manchmal bedürfen sie völlig andere Anregungen und Ermutigungen, als im allgemeinen pädagogischen Denken vorstellbar. Fragen, welche die Lehrerinnen und Lehrer, aber auch Eltern und Experten bewegen, sind beispielsweise:

- Warum können manche Heranwachsende ihre herausragenden Begabungen nicht in (schulische) Leistungen umsetzen?
- Warum existieren so mannigfaltige Erklärungsansätze der Hochbegabung nebeneinander?
- Was können Lehrerinnen und Lehrer tun, um Begabungen zu identifizieren und Förderung anzuregen?
- Welche Unterrichtsformen sind für die Selbstentwicklung Hochbegabter notwendig?

Die Einführung in die Hochbegabtenpädagogik bereitet fundiertes Wissen solide auf und stellt unterschiedliche Positionen gegenüber. Ausgehend von begrifflichen Klärungen werden Zusammenhänge von Begabungsfaktoren, Umwelteinflüssen und Persönlichkeitsfaktoren dargestellt und die individuelle Ausprägung von Begabungsprofilen deutlich gemacht.

 Schneider Verlag Hohengehren
Wilhelmstr. 13; D-73666 Baltmannsweiler

Grundlagen der Schulpädagogik

Band 54: Manfred Bönsch

Die Gesamtschule

Die Schule der Zukunft mit historischem Hintergrund

2006. X. 310 Seiten. Kt. ISBN 3834000477. € 24,—

Diese Publikation kann als die umfassendste Veröffentlichung zum Thema Gesamtschule gelten. Die Kapitel „Gesamtschule in schultheoretischer Sicht", „Gesamtschule in internationaler Sicht", „Gesamtschule in historischer Sicht", „Gesamtschule im Licht empirischer Befunde" legen den Grund, auf dem dann in systematischer Weise eine Gesamtschulpädagogik entwickelt wird: die Gesamtschule als Schule zwischenmenschlicher Kultur und demokratischer Teilhabe, curriculare Strukturen, Pädagogik der Heterogenität, einfallsreiches Methodenrepertoire und schließlich Qualitätssicherung und -steigerung als ständiges Anliegen der Gesamtschule.

Band 56: Christa D. Schäfer

Wege zur Lösung von Unterrichtsstörungen

Jugendliche verstehen – Schule verändern

2006. XII, 380 Seiten. Kt. ISBN 3834001449. € 24,—

Wege zur Lösung von Unterrichtsstörungen

– ein faszinierendes Buch über Schule und heutige Jugendliche –

Im Zentrum dieses Buches stehen drei plastisch und sehr lebendig herausgearbeitete Fallgeschichten.

Sie handeln von Schülerinnen und Schülern, die in verschiedenen Schulen und Schultypen Berlins die achte Klassenstufe besuchen und dort den Unterricht stören. Da ist Wladi, dem in der Schule der Ruf vorauseilt, eine schwierige Vergangenheit zu haben, der in den Unterrichtsstunden fast ununterbrochen „am Plaudern" ist und schon einen Schulkameraden krankenhausreif geschlagen hat. Dann Uri und Dong-Su, die in die 8c gehen, in der einiges im Argen liegt – vom Sozialverhalten aller Schüler beginnend bis hin zu den mangelhaft geplanten und durchgeführten Unterrichtsstunden eines depressiv geprägten Lehrers. Und schließlich sind da Sabrine und Mira, von denen die eine Jugendliche eine hohe interpersonale Intelligenz besitzt, die andere durch Arbeitsverweigerung und Schulschwänzertum auffällt, und beide mittelpunktsstrebig sind und viele Freunde haben bzw. brauchen.

Die Fälle werden in den Schritten: Fallpräsentation, Fallerschließung und Hypothetischer Falllösung aufgearbeitet und im Störprofil, Ursachenprofil und Lösungsprofil grafisch dargestellt.

Im Kern der Betrachtungen stehen die störenden Schüler, die mit verschiedenen Subsystemen umgeben werden: F für Familie, U für Unterricht, L für Lehrerpersönlichkeit und P für Persönlichkeitsaspekte des störenden Schülers. Hierdurch wird ein Gesamtsystem aufgespannt, das unter bestimmten Bedingungen zu einem Problemsystem werden kann und Unterrichtsstörungen hervorruft.

Neu ist das in diesem Buch aufgespannte Modell: die Untersysteme F, U, L und P als Zahnräder darzustellen, die unterschiedliche Höhen und Durchmesser haben. Jedes dieser Zahnräder besitzt einen eigenen Antrieb und die Zahnung entspricht der Kommunikation zwischen den Systemen. Unterrichtsstörungen gibt es dann, wenn die Zahnräder anfangen zu knirschen, sich aneinander vorbei drehen oder blockieren.

Schneider Verlag Hohengehren
Wilhelmstr. 13; D-73666 Baltmannsweiler